EINE KULINARISCHE ENTDECKUNGSREISE

durch das nördliche Oberbayern und das Altmühltal

Willfried Baatz
Heiderose Engelhardt
Thomas Rathay

EINE KULINARISCHE ENTDECKUNGSREISE

durch das nördliche Oberbayern und das Altmühltal

MIT DEN BESTEN REZEPTEN ✶ AUS DER REGION ✶

UMSCHAU

Uhrturm im Neuen Schloss, Ingolstadt

Inhalt

Übersichtskarte 8
Vorwort 13

DAS LAND ZWISCHEN INN UND SALZACH 17

Glonntaler Backkultur 20
Martin Kiendl – Brennerei 22
Bräu im Moos 24
Geflügelhof Lugeder 28
Gasthof Huberwirt 30
Hardthaus Restaurant & Weinkeller 32
Ederhof 34
Landgasthof Stiller in Lindum 36

REZEPTE AUS DER REGION 42
Schoko-Espresso-Schnitte
Walnuss-Schoko-Becher
Gefülltes Schweinefilet im Weißbierteig
Gebratene Ente
Bachsaibling mit Radieserl und Gurken
Gegrillter Weißer Heilbutt mit Knusperblatt, Olivenöl und Wildkräutersalat
Krustenbraten vom Duroc Schwein
Kalbsröllchen mit Pfifferlingen und Kartoffelstampf

WESTLICH VON MÜNCHEN 49

Altes Schulhaus in der Dachauer Kulturschranne 52
Biolandhof Beim Müller 54
Bentenrieder Hof 56
Polz Bäckerei und Konditorei 60
Dolce Munich Unterschleißheim 62
Obergrashof 64
Fürstenfelder 70
Zum Griabig'n 72
Gasthof Hartl „Zum Unterwirt" 74
Schlossgut Odelzhausen 76
Farfallina's Patisserie und Spezialkonditorei 80

REZEPTE AUS DER REGION 82
Ochsenbackerln mit Birnen-Bohnen-Gemüse
Freilandgockerl mit Knödelfüllung
Hähnchenbrust mit Tagliatelle und Paprikasauce
Dinkelvollkorn-Quiche
Fahrenzhausener Freilandhähnchen im Tandoori-Kokosmantel mit Sesamschaum, Mangold und Linsen
Rote Bete Carpaccio
Hirschrücken mit Holunder, Apfelblaukraut und Semmelknödel
Griabig's Schäuferl
Lachsforelle auf Kartoffel-Hüttnkäs-Maultascherl
Odelzhauser Brotzeitteller – Hirschschinken mit Frischkäse und Bierbratensulz
Johannisbeer-Baiser-Tarte

GRÜNES GOLD UND KÖNIGLICHES GEMÜSE — 91

Altstadthotel Schrobenhausen – Bauern-Bräu — 94

Spargelhof Tyroller — 96

Hotel Moosburger Hof — 98

Müllerbräu — 100

Hotel Müllerbräu — 102

Hotel Domizil — 106

Restaurant AVUS/Audi Forum Ingolstadt — 108

Antonius-Schwaige — 110

Kastaniengarten — 112

REZEPTE AUS DER REGION — 114

Schweinefilet mit Spargel und Sauce hollandaise
Spargel-Schinken-Röllchen, überbacken
Kalbsfiletmedaillon mit Ingwerjus, Wokgemüse und Sushi-Reis
Bavariator-Mascarponetörtchen auf Rumkirschen
Schweinsfilet im Gerstenmalzmantel gebraten,
auf grüner Bockbier-Pfeffersauce mit Kartoffelroulade
Hummel's Perlhuhn mit Steinpilzfüllung und
Artischocken-Kartoffelgemüse
Altmühltaler Rehrücken mit glacierten Feigen und Selleriepüree
Rehrücken auf Pfifferlingen im Hopfenbett gegart
Bierrahmsupp'n

IM ALTMÜHLTAL — 123

Hotel-Gasthof zur Sonne — 126

Gasthof Bayerischer Hof — 128

Restaurant Hotel Schönblick — 130

Hotel Zum Bräu — 136

Historischer Gasthof Stirzer — 138

Benediktinerabtei Plankstetten — 140

Hotel-Gasthof Zur Krone — 148

Felsenbräu — 150

Landgasthof Siebenkäs — 154

REZEPTE AUS DER REGION — 160

Zweierlei Köstlichkeiten vom Altmühltaler Lamm
Lauwarmes Carpaccio von Zucchini und Ziegenkäse
mit gebratener Jakobsmuschel und Dijonsenf-Honig-Coulis
Rinderfilet und Garnele auf Rotweinreduktion
mit Kartoffel-Kräuternockerln
Altmühltaler Duett vom Bachsaibling und von der Bachforelle
mit Safrankartoffeln, Zuckerschoten und Kirschtomaten
Rollbraten vom Altmühltaler Lamm mit Frischkäse
und Backpflaumen gefüllt
Plankstetter Heubraten
Altmühltaler Forelle
Rehrücken aus den fürstlichen Wäldern
auf Alblinsen-Gemüse mit Petersilienwurzelpüree

Adressverzeichnis 166

Rezeptverzeichnis 171

Impressum 176

nördliches Oberbayern Altmühltal

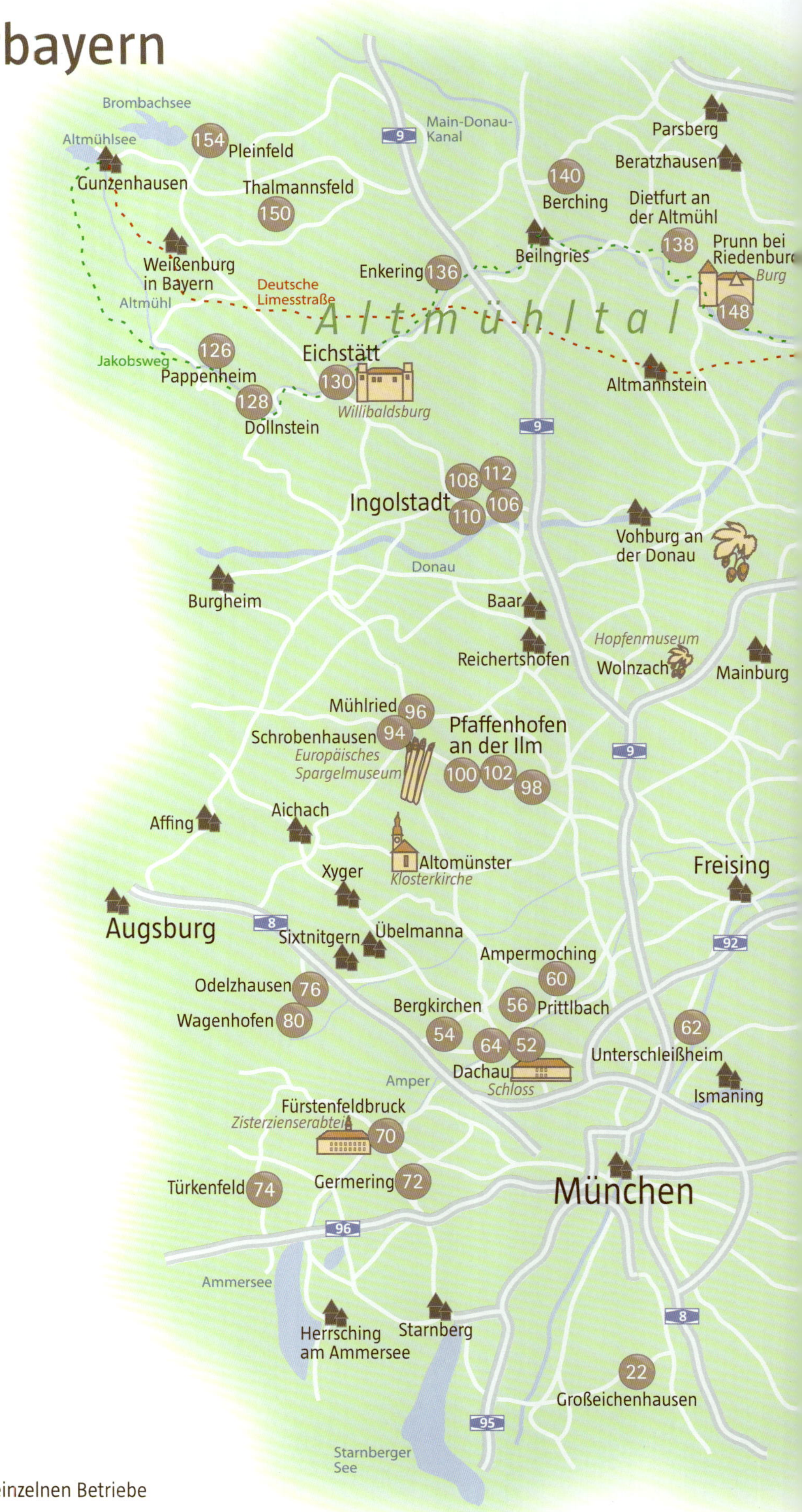

Die Zahlen (15) sind identisch mit den Seitenzahlen der einzelnen Betriebe in diesem Buch und bezeichnen ihre Lage in der Region.

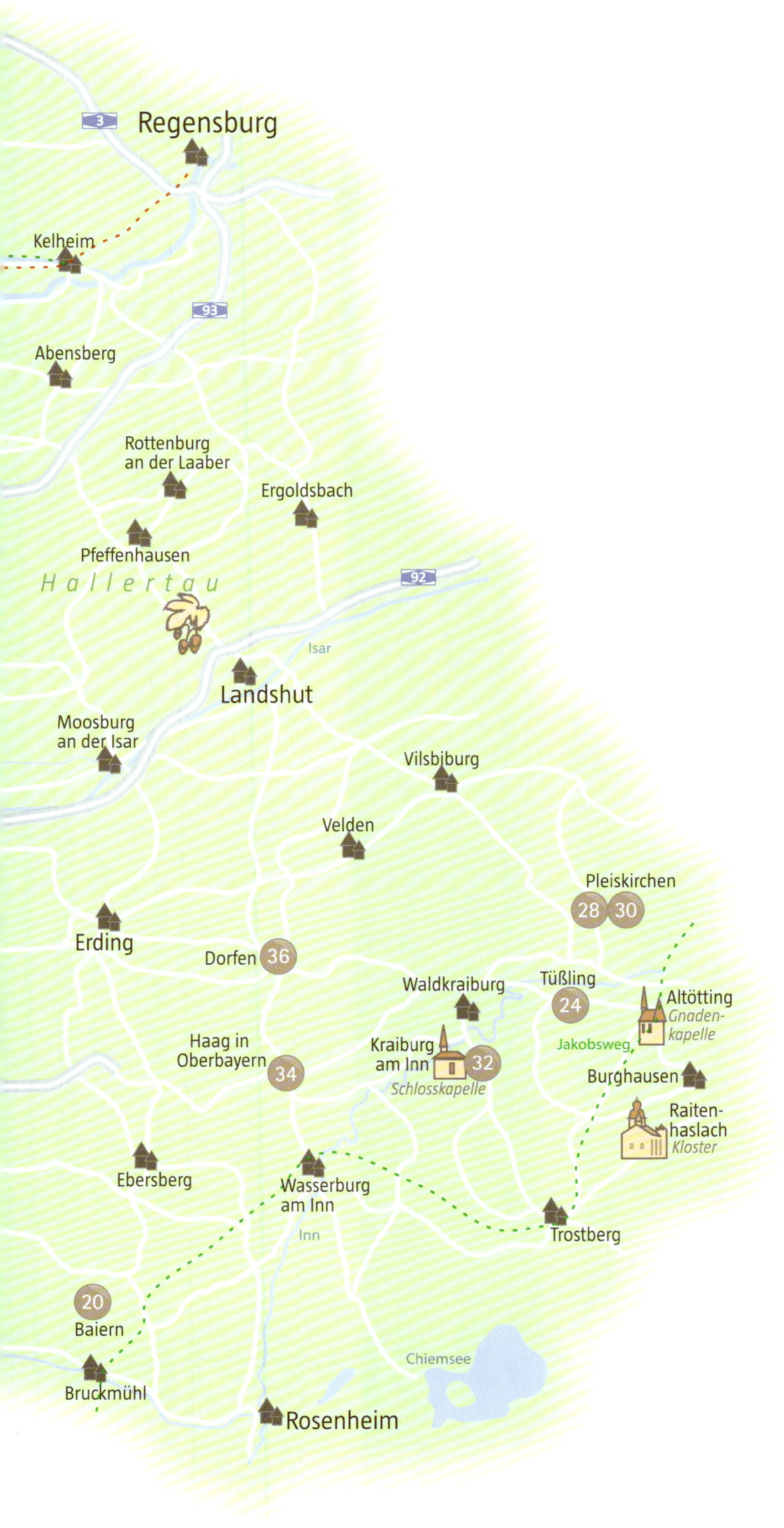
3
Regensburg
Kelheim
93
Abensberg
Rottenburg an der Laaber
Ergoldsbach
Pfeffenhausen
Hallertau
92
Isar
Landshut
Moosburg an der Isar
Vilsbiburg
Velden
Pleiskirchen
28
30
Erding
Dorfen
36
Waldkraiburg
Tüßling
24
Altötting
Gnaden-kapelle
Jakobsweg
Haag in Oberbayern
34
Kraiburg am Inn
32
Schlosskapelle
Burghausen
Raiten-haslach
Kloster
Ebersberg
Wasserburg am Inn
Trostberg
Inn
20
Baiern
Chiemsee
Bruckmühl
Rosenheim

BAH VW 223

Naturschutzgebiet „Mauerner Höhlen“

Vorwort

Vielleicht war es der unendlich strahlend blaue Himmel mit seinen wie dekorativ hingemalten, wattegleichen Wolken, vielleicht war es das flimmernde Glitzern der Seen, vielleicht das überwältigende Panorama der majestätischen Berge oder die Schmankerln in einer gemütlichen Wirtschaft, die den wohl bayerischsten aller Dichter, Ludwig Ganghofer, vor über 100 Jahren zu dieser Liebeserklärung an Oberbayern veranlasste: „Herr, wen du lieb hast, den lässest du fallen in dieses Land." Tatsächlich kann man sich ohne Wenn und Aber in dieses unvergleichliche Stückchen Erde mit den sattgrünen Weiden, den pittoresken Zwiebeltürmen, den schroffen Felsen, den bunt geschmückten Maibäumen, den einsamen Mooren oder den melancholischen Flusslandschaften verlieben. An den bekannten Klischees herrscht in Oberbayern wahrhaftig kein Mangel. Doch genauso sieht das Land zwischen Altmühl und Alpen aus.

Die Menschen lassen es sich und anderen in ihrer einzigartigen Gemütlichkeit gut gehen und genießen das Leben. Dazu gehört auch die Wirtshauskultur mit den weit über die Grenzen hinaus bekannten „Nationalgerichten".

Essen und Trinken halten schon seit alters her Leib und Seele der Bayern zusammen. Doch längst sind die Zeiten vorbei, als Schweinsbroden und Knödl sowie eine Maß Bier das Ein und Alles oberbayerischer Kulinarik waren. Natürlich gibt es ihn immer noch, den reschen Schweinsbraten. Und nach wie vor gehören Leberknödelsuppe, Weißwürste und Wurstsalat auf die Speisekarte eines jeden Wirtshauses, das etwas auf sich hält. Doch das Repertoire der Herrscher über Töpfe und Pfannen ist längst darüber hinaus gewachsen und umfasst weit mehr als diese Klassiker deftiger bayerischer Kochkunst. Die Produkte wurden kreativ veredelt, kultiviert und variiert, die Küche wurde feiner und raffinierter und insbesondere der mediterrane Einfluss ist in der bayerischen Küche selbstverständlich geworden. Dennoch ging der Bezug zu den Schätzen der Region nie verloren, er hat sich im Gegenteil wieder verstärkt und führt heute zu einer deutlichen Rückbesinnung auf das Beste, was Oberbayern aus Küche und Keller zu bieten hat. Schauen Sie sich um, probieren Sie es aus. Es lohnt sich auf jeden Fall.

Magdalenenkirche, Gnadenkapelle und Stiftspfarrkirche auf dem Kapellplatz, Altötting (v.l.n.r.)

500 Jahre
Altöttinger Stiftspfarrkirche
Ausstellung und Film

Päpstliche Basilika St. Anna, Altötting

Das Land zwischen Inn und Salzach

Es ist ein unaufgeregtes Stück Oberbayern, die sanfte Bauernlandschaft östlich des Inns. Sie liegt etwas abseits der ausgetretenen touristischen Pfade, wo Lüftlfassaden und Alpenpanoramen das Bild bestimmen. Und es braucht seine Zeit, bis man den verhaltenen Charme dieser weitläufigen, in sich ruhenden Landschaft entdeckt, die so wenig dem typischen Bilderbuch-Bayern-Klischee entspricht. Aber irgendwann lernt man das Land zwischen der uralten Lebensader namens Inn und dem Flusslauf der herb-schönen Salzach schätzen, wo man nicht nur wunderbar entspannen, sondern auch beeindruckende Städte und Kunstwerke ersten Ranges entdecken kann.

Will man die wahre Seele Bayerns ergründen, kommt man nicht umhin, sich in das Allerinnerste des Freistaates zu begeben. Man muss nach Altötting fahren oder sich besser noch in die endlose Schlange der Wallfahrer einreihen und zu Fuß dem gottesfürchtigen Treiben näher kommen. Katholischer geht's in Bayern nimmer. „Altötting ist das Herz Bayerns", so hört man immer wieder und kein Mensch kann ernsthaft behaupten, dass dies eine ganz normale Stadt sei. Schon seit den Agilolfingern spielt dieser älteste und wohl auch berühmteste Wallfahrtsort eine wichtige Rolle im Seelenleben der Bayern. Die Gnadenkapelle auf dem Kapellplatz, Zentrum der mitteleuropäischen Marienwallfahrt und Marienverehrung, erzeugt – ob man will oder nicht – ganz besondere Gefühle. Und das nicht nur wegen der in den Nischen der heiligen Kapelle aufgereihten 27 silbernen „Herzurnen" der verblichenen Wittelsbacher, sondern vor allem wegen der zwergenhaften Schwarzen Madonna, die im Sanctissimum über den stummen Christenmenschen thront und den Bedürftigen seit dem Mittelalter bei Kerzenschein und Silberglanz Trost und Hoffnung spendet. Eine ebensolche Verehrung erfährt in Altötting auch ein anderer populärer bayerischer Heiliger, Bruder Konrad. Alljährlich machen sich deshalb Heerscharen von Pilgern auf den Weg in die Herzkammer bayerischer Religiosität, von denen angeblich etwa 50 000 die immerhin mehr als 100 Kilometer zur Gnadenkapelle singend und betend zu Fuß zurücklegen. Bunt geht es bei den großen Fußwallfahrten auf dem von weißgelben Barockbauten gesäumten Kapellplatz zu und wer sich nach einem Blick in das Allerheiligste auch noch die Tausenden Votivtafeln des überdachten Kapellenumgangs an-

Kapelle auf dem Schlossberg, Kraiburg am Inn

sieht, wird an der tief verwurzelten Volksfrömmigkeit der Bayern nicht mehr zweifeln und vielleicht besser verstehen, was die Menschen hier tief im Inneren bewegt.

Will man sich vom Mittelpunkt altbayerischen Daseins auf die Spuren Papst Benedikts begeben, landet man unweigerlich in dem nur wenige Autominuten entfernten Marktl am Inn, dem Geburtsort des Heiligen Vaters. Dort kann man sich im Geburtshaus Joseph Kardinal Ratzingers am Marktplatz über das Leben des Papstes kundig machen oder auf dem Benedikt-Radweg ein Stück in Richtung Holzland radeln, jenem wunderschönen hügligen Fleckchen Erde jenseits des Inn, von dem die Einheimischen nicht zu Unrecht sagen: „Da is' am allerscheenern". Dort, wo sich das östliche Oberbayern in das charakterlich so eng verwandte Niederbayern hineinstülpt und Oberösterreich nicht weit ist, trifft man auf eine naturnahe Landschaft, die einen sofort anrührt und in der man noch alle Ruhe der Welt hat.

Hat man genug Abgelegenheit genossen, geht es über schmale Sträßchen wieder zurück, zum Beispiel nach Burghausen, das gern als die nördlichste Stadt Italiens bezeichnet wird. Der quirlige Stadtplatz mit seinen prächtigen Bürgerhäusern und den vielen kleinen Gassen, die einem bunten Künstlervolk kreativen Raum geben, ist ein echtes Kleinod und versprüht ein unverwechselbares südliches Flair. Über der Altstadt mit den dicht gedrängten Häusern thront herrisch die gewaltige Burganlage, die es wegen ihrer Größe bereits in das Guinnessbuch der Rekorde geschafft hat: als längste Burganlage Europas. Das unverwechselbare Wahrzeichen der Stadt ist in seiner Ausdeh-

Wasserburg am Inn

Kloster Raitenhaslach

Kloster Raitenhaslach

Schlossturm der Burganlage Haag

nung tatsächlich beeindruckend und durchmisst man die sechs hintereinanderliegenden Burghöfe der mächtigen Festung von einem Ende zum anderen, wähnt man sich auf einer einstündigen Zeitreise ins Mittelalter. Einen grandiosen Blick auf die roten Dächer der am Fluss liegenden Unterstadt und das Umland gibt es gratis dazu.

Wem das noch nicht genügt, der kann die hoch über dem Salzachufer gelegene barocke Wallfahrtskirche Marienberg bewundern oder sich in der phantastischen Kirche des Klosters Raitenhaslach mit eigenen Augen davon überzeugen, dass der Katholizismus auch von prächtiger Inszenierung lebt. Hier zelebrieren Barock und Rokoko ein grandioses Fest für die Augen. Der gediegene Klostergasthof tut das Übrige.

Folgt man dem Inn flussaufwärts gelangt man über Mühldorf mit seinem lang gestreckten Stadtplatz und den schönen alten Laubengang-Bürgerhäusern im Inn-Salzach-Stil und das historische Städtchen Kraiburg, dessen Burg im Mittelalter Stammsitz der bedeutenden Kraiburger Grafen war, nach Wasserburg am Inn. Höchst pittoresk liegt die mittelalterliche Stadt in der Schleife des Flusses. Ihre besondere Topografie macht den Ort zu einer der schönsten Städte Oberbayerns, da er, fast völlig vom Inn umgarnt, wie auf einer Insel liegt. Diese einzigartige Lage veranlasste Hallgraf Engelbert Mitte des 12. Jahrhunderts wohl dazu, hier seine „Burg am Wasser" zu bauen, die sich zu einem bedeutenden mittelalterlichen Salzhandels- und Warenumschlagplatz entwickelte. Bis heute hat sich die mit Mauern und Türmen befestigte Altstadt in weiten Teilen erhalten, sodass man sich auf dem Marktplatz des alten Wasserburg, dem heutigen Marienplatz, bisweilen an das Treiben der Kauf- und Fuhrleute früherer Zeiten erinnert fühlt.

Möchte man dann doch noch Bayern aus dem Bilderbuch, sind die sanften Hügel der schönen Innlandschaft um die Klöster Au und Gars der richtige Ort, um bei schönem Wetter den Blick auf die Chiemgauer Alpen und ihre Salzburger und Tiroler Nachbarn zu genießen.

Brucktor, Wasserburg am Inn

Glonntaler back
KULTUR

Backtradition in Urform

Glonntaler Backkultur

Echte Geheimtipps sind wirklich selten geworden. Doch es gibt sie immer noch. Man muss sich nur auf den Weg nach Piusheim machen, um auf eine echte kulinarische Überraschung zu stoßen: die Bio-Erlebnisbäckerei „Glonntaler Bachkultur" von Antonia Weiß und Romeo Butic.

Eher zufällig waren die beiden auf der Suche nach einem gemeinsamen beruflichen Neustart in die kleine, von Wiesen, Feldern und Wäldern umgebene Ortschaft geraten und konnten dort ihren Traum von einer Verbindung zwischen Bäckerei und Gastronomie Wirklichkeit werden lassen. Mitte 2007 war es endlich soweit, dass die ersten Bio-Backwaren die noch kleine Erlebnisbäckerei verließen. Anfangs mussten die Kunden zum Einkaufen noch in die Backstube kommen und konnten von der winzigen Verkaufstheke aus den Bäckern bei der Arbeit über die Schulter schauen. Ein halbes Jahr später kam dann, im Zuge der Revitalisierung des Dorflebens, einige Schritte entfernt das Café mit angeschlossenem Laden hinzu, das sich bald zum Anlaufpunkt im Herzen des Ortes mauserte und inzwischen weit über die Grenzen der Region hinaus ein Begriff für besondere Gastlichkeit und hervorragenden Geschmack ist.

Glonntaler Backkultur: Das bedeutet höchste Qualität und traditionelles Handwerk im besten Sinne des Wortes. So versteht es sich von selbst, dass in dem zertifizierten Bio-Betrieb besonderer Wert auf die Verarbeitung von sehr hochwertigen Rohstoffen gelegt wird und Handarbeit die Regel ist.

Die sorgfältige Auswahl der Zutaten beginnt schon beim Getreide, das in der eigenen Mühle schonend vermahlen wird. Und da sich die Bäckerei dem traditionellen Handwerk verschrieben hat, lag es nahe, auch fast vergessene Getreidesorten zu verarbeiten, die einen ganz besonderen Geschmack haben. Wenn dann noch jeder Teig die Zeit bekommt, die er braucht, um sein eigenes Aroma zu entwickeln, entsteht Backkultur in seiner anspruchsvollsten Form. Probiert man dann die Brote, Semmeln oder Brezen, so fühlt man sich an längst vergangene Zeiten erinnert, als der Bäcker seinen Teig noch selbst ansetzte und Backmischungen, Geschmacksverstärker und andere Zusatzstoffe kein Thema waren.

Schoko-Espresso-Schnitte

Das Rezept zur Spezialität des Hauses finden Sie auf Seite 42

Glonntaler Backkultur
Raphaelweg 14
85625 Baiern
☎ 0 80 93 / 90 25 61
www.glonntaler-backkultur.de

Hochprozentiges aus der Region

Martin Kiendl – Brennerei

Betritt man den kleinen Hofladen, so steht man unmittelbar vor dem kupferglänzenden Herzstück des Betriebs, der Brennanlage, und ist sich sicher, dass hier unter den kundigen Händen von Martin Kiendl besondere Tropfen entstehen, die es in sich haben. Er kann dabei auf die lange Erfahrung seiner Familie zurückgreifen. Schon der Urgroßvater beherrschte die Kunst des Destillierens und verarbeitete seinerzeit im Nebenerwerb Äpfel zu Obstbranntwein. Im Laufe der Jahre und Generationen kam anderes Obst hinzu, sodass heute eine breite Palette hervorragender Brände, Geiste und Liköre vorwiegend aus hiesigen Früchten wie Äpfeln, Birnen, Zwetschgen oder Mirabellen das Angebot der Brennerei Kiendl bestimmen. Obst und Beeren aus der heimischen Umgebung zu verarbeiten, ist für den tief in Oberbayern verwurzelten Destillateur, der den Familienbetrieb 2005 von den Eltern übernommen hat, eine echte Herzensangelegenheit. „Ich lebe von der Region und beziehe daher meine Produkte aus der Region" lautet sein Grundsatz. Nur für besondere Destillate, wie den Marillenbrand oder den Weinbergpfirsich-Brand greift er auf Produkte außerhalb Bayerns zurück.

Nicht ganz so lange wie die Brennerei existiert das zweite wichtige Standbein des in der Nähe von Sauerlach bei München gelegenen Weberhofes: die Kelterei. Das Kernobst dafür kommt teilweise von den eigenen 100 Streuobstbäumen des Hofes sowie von den vielen Streuobstwiesen und Hausgärten der näheren Umgebung. Es wird in der hauseigenen Kelterei zu Saft verarbeitet und kann bei Interesse sogar in Most (Apfelwein) oder Schnaps eingetauscht werden, was den einen oder anderen Kunden hoch erfreut.

Erwerben kann man die prämierten Brände und andere Schätze aus dem Hause Kiendl auf den Wochenmärkten der Umgebung und natürlich in dem schmucken Hofladen, wo man die „geistigen Produkte" auch probieren kann. Und wer nach etwas ganz Originellem sucht, kann sich seinen Hochprozentigen vor Ort in Flaschen abfüllen lassen, die wie Motorräder oder Autos aussehen, oder zum heimlichen Bestseller, dem Schnaps in Dosen greifen – Weber 2 go.

Walnuss-Schoko-Becher

Das Rezept zur Spezialität des Hauses finden Sie auf Seite 42

Martin Kiendl – Brennerei
Eichenhausener Straße 43
82054 Großeichenhausen bei Sauerlach
☎ 0 81 04 / 88 82 70
www.schnapsweber.de

Bräu im Moos

Landgenuss im Grünen

Gefülltes Schweinefilet im Weißbierteig

Das Rezept zur Spezialität des Hauses finden Sie auf Seite 43

Fernab aller hektischen Betriebsamkeit liegt, eingebettet in das voralpine Landschaftsschutzgebiet Mörnbachtal, der historische Brauereigasthof Bräu im Moos. Besonders bei schönem Wetter machen sich viele Besucher auf den Weg in das gemütliche Gasthaus mitten im Grünen. Nicht wenige von ihnen sind Pilger auf dem Weg nach Altötting, die es sich hier in der Stille der Natur gut gehen lassen und nach einer anstrengenden Wallfahrt neue Kraft tanken. Gern besucht wird das Wirtshaus aber auch von Familien mit Kindern, die weit ab von verkehrsreichen Straßen einen entspannten Tag in der „grünen Oase" genießen möchten.

Die Anfänge des Traditionshauses reichen zurück bis in das Jahr 1870, dem Gründungsdatum der Brauerei. Seither wird hier von der Familie Münch, nun schon in vierter Generation, Bier gebraut und in der dazugehörigen Wirtschaft die typisch bayerische Gastlichkeit gepflegt.

Ganzer Stolz des Brauereichefs Eugen Münch sind die aus bestem Malz und Hopfen sowie Brauwasser aus eigenem Brunnen gebrauten sechs verschiedenen Biersorten, die sowohl im großen Biergarten als auch im Gasthof ausgeschenkt werden. Und natürlich sind diese Biere auch in der Region erhältlich.

Zu einem frisch Gezapften gehören natürlich auch hausgemachte Schmankerl, von denen bei so viel Nähe zum Bier natürlich einige damit zubereitet werden, wie die Schweinefilets in Kräuterbiersauce mit Zwiebelringen im Bierteig. Sogar der hauseigene Senf wird mit Bier abgeschmeckt. Aber wer ganz gescheit ist, bestellt sich eine der vorzüglichen

Hirschspezialitäten des Hauses. Sie stammen von den rund 80 Rothirschen, die in einem großen Gehege unmittelbar neben dem Bräu gehalten werden. Jährlich gibt es etwa 40 Hirschkälber und genauso viele Tiere werden pro Jahr waidmännisch geschossen, in der eigenen Wildkammer fachkundig zerlegt und verarbeitet. Alles vom Hirsch kommt im Gasthof auf den Tisch: Rücken und Keule als Braten, Schultern als herzhaftes Gulasch. Hirschsalami und Hirschschinken machen das Angebot komplett. Und zur Krönung kann nach dem vorzüglichen Essen noch der hauseigene Bierschnaps verkostet werden.

Eine besondere Attraktion gibt es in den Kellergewölben zu bewundern: das Brauereimuseum. Hier kann man alte Brauereigeräte, Werkzeuge, Krüge und Gläser bestaunen und wer sich rechtzeitig anmeldet, wird vielleicht von Chefin Andrea Münch persönlich durch die Katakomben geführt.

Bräu im Moos
Bräu im Moos 1
84577 Tüßling
☎ 0 86 33 / 10 41
www.braeuimmoos.de

BRÄU E.MÜNCH im MOOS

Jakobsweg

Festessen von der grünen Wiese

Geflügelhof Lugeder

Gebratene Ente

Das Rezept zur Spezialität des Hauses finden Sie auf Seite 43

Wer schon mal das größte Volksfest der Welt, das Münchner Oktoberfest, besucht hat, wird kaum an den zahlreichen kulinarischen Genüssen vorbeigekommen sein, ohne die die Wiesn nicht das wäre, was sie ist. Das leckere Geflügel der Hendl- und Entenbratereien ist ein solcher Hochgenuss, und der Traditionshof Lugeder sorgt dafür, dass im Schottenhammel-Zelt, bei Poschner's Hühner- und Entenbraterei, beim Käfer oder anderswo die gebratenen Enten nicht ausgehen. Und es sind sehr, sehr viele Lugeder-Enten, die dort genüsslich verspeist werden.

Angefangen hat alles vor etwa 30 Jahren, als der großväterliche Landwirtschaftsbetrieb Schritt für Schritt in einen Geflügelhof umgewandelt wurde. Heute leben und arbeiten drei Generationen der Familie auf dem Hof, der malerisch in einem kleinen, von Streuobstwiesen und Feldern umgebenen Weiler liegt.

Mit viel Engagement und noch mehr Leidenschaft werden hier Enten und Gänse so gehalten und gezüchtet, wie es ihrer Art entspricht. Im Sommer schnattern sie auf den Wiesen rund um den Hof und im Herbst sind sie auf den hofeigenen Feldern unterwegs. Hier werden für das Federvieh Mais, Kohl und andere nahrhafte Ackerfrüchte angebaut, an denen es sich nach Herzenslust satt fressen darf und soll. Frisches Wasser steht immer zur Verfügung und bei schlechtem Wetter können sich die Tiere jederzeit ins Stroh der geräumigen Freilaufställe zurückziehen. Die Enten und Flugenten werden mit Getreide aus eigener Produktion und mit Geflügelmastfutter aus Getreide, pflanzlichem Eiweiß und Mineralstoffen gefüttert. Hormonelle, chemische oder medikamentöse Zusätze sowie Wachstumsförderer sind ein absolutes Tabu.

Solch tiergerechte Aufzucht mit viel Bewegungsfreiheit und längerer Lebenszeit bis zur Schlachtung lässt das Geflügel jedoch langsamer Fett ansetzen. Es wird nicht unter Zeitdruck gemästet, sodass das Fleisch länger reifen kann. Das macht bei Lugeders „Anterln" und „Ganserln" jene unvergleichliche Qualität aus, die man schmecken kann. Viele Kunden schwören auf die Qualität aus Neuerding und geben gern ein paar Euro mehr aus, um an Festtagen wie Kirchweih, Martini und natürlich Weihnachten einen ganz besonders guten Enten- oder Gänsebraten auf den Tisch zu bringen.

Geflügelhof Lugeder
Neuerding 1
84568 Pleiskirchen
☎ 0 87 28 / 7 85
www.gefluegelhof-lugeder.de

Gasthof Huberwirt

Power der Provinzküche

Bachsaibling mit Radieserl und Gurken

Das Rezept zur Spezialität des Hauses finden Sie auf Seite 44

Huberwirt. Das klingt urbayerisch. Ist es auch. Aber auf eine ganz eigene Weise und mit langer, langer Tradition. Schon im Jahr 1612 wurde das Dorfwirtshaus in Pleiskirchen gegründet und befindet sich bis heute im Besitz der Familie. Inzwischen bewirtet Juniorchef Alexander Huber gemeinsam mit seinen Eltern in nunmehr 11. Generation die Gäste. Und die nehmen teilweise lange Anreisen in Kauf um hier im beschaulichen Holzland, schon fast in Niederbayern, in den Genuss seiner exklusiven „Innovations- und Kreativküche" zu kommen.

Hier serviert Alexander Huber, der bei den Großen seiner Zunft wie Hans Haas, Jean Luc Garnier und Andreas Döllerer in die Schule gegangenen ist, Gourmetküche vom Allerfeinsten. Ebenso wichtig sind dem jungen Chef de Cuisine aber auch die bayerischen Wirthausklassiker. Er selbst sagt zu seiner Küchen-Philosophie: „Wirtshausküche modern und neuartig zu interpretieren, das ist meine Passion, gleichermaßen wie die kreative ‚Power der Provinzküche' aus regionalen Zutaten. Für dieses Ziel gibt es an sich keine Regeln, nur die ländliche Bodenhaftung ist mir wichtig. Entscheidend ist die Harmonie der Geschmäcker." Für diese gehobene Wirtshausküche verwendet er zu vier Fünfteln heimische Produkte, vorwiegend aus der unmittelbaren Region. Und nur bei so exotischen Produkten wie Safran, Trüffel oder tropischen Früchten lässt er Ausnahmen zu. Dabei erhebt er höchste Ansprüche an Qualität, Frische und daran,

der richtigen Behandlung der Produkte gerecht zu werden. Das ist die Grundlage für seine kulinarischen Kreationen auf allerhöchstem Niveau.

Das Ambiente des Wirtshauses sucht seinesgleichen. Im Gaststüberl 1612 kann man unter einer beeindruckenden Balkendecke aus dem 17. Jahrhundert speisen und wer lieber in Tiroler Atmosphäre tafelt, ist im Schmuckstück des Hauses, dem Huberwirtsstüberl richtig aufgehoben. Eines der Highlights beim Huberwirt sind die Menükompositionen, mit denen Alexander Huber seine Gäste bei kulinarischen Events einmal im Monat überrascht und zu denen ein Gast begeistert schrieb: „Für diese gute Küche soll ein guter Katholik der Madonna in Altötting eine dicke Kerze spenden, damit sie den Feinschmeckern recht lange erhalten bleibt."

Gasthof Huberwirt
Hofmark 3
84568 Pleiskirchen
☎ 0 86 35 / 2 01
www.huber-wirt.de

Huberwirt
seit 1612
Alexander Huber

Gourmet-Juwel in historischem Ambiente

Dass auch die Provinz mit kulinarischen Highlights aufwarten kann, ist eigentlich eine Binsenweisheit. Dennoch ist man immer aufs Neue überrascht, wenn man eine Entdeckung dieser Art macht. Das Hardthaus im historischen Kraiburg am Inn ist eine solche Adresse, bei der man all seine Sinne genussvoll stimulieren kann.

Inmitten fein herausgeputzter mittelalterlicher Fassaden im Inn-Salzach-Stil steht gegenüber der Marktkirche und dem markanten Marktbrunnen ein 1478 erbautes Haus, das dieses besondere Gourmet-Juwel beherbergt. Namensgeber des Hauses war die Kaufmannsfamilie Hardt, die im 19. Jahrhundert dort einen Kolonialwarenladen betrieb, von dem heute noch die bis unter die Decke reichenden, dunklen Holzregale zeugen. Schön sehen sie aus, diese alten Regale. Doch ebenso schön anzusehen sind die zart verblassten Ornamente an der Decke. Beide bilden den idealen Rahmen für die elegant eingedeckten Tische, an denen Marc Vermetten und sein Team in lockerer Atmosphäre besondere kulinarische Kreationen zelebrieren.

Täglich wechselt die Karte und der Küchenchef setzt dabei auf eine gehobene kreative Küche mit frischen regionalen Zutaten, lässt sich aber auch vom täglichen Einkauf inspirieren. Seine ausgeprägte Spontanität tut ihr Übriges. Bevorzugt wird eine ausgewogene Mischung aufeinander abgestimmter regionaler Produkte, zubereitet mit asiatischen oder mediterranen Aromen, doch auch kräftige Nuancen wie bei der Karotten-Ingwer-Schaumsuppe mit Flusskrebsen verschmäht Marc Vermetten nicht. Weitere wahre Gedichte auf der Speisekarte sind Kaisergranat auf Erbsen-Ravioli mit Vanilleschaum oder Dreierlei vom Bayerischen Lamm mit Spargel, Kartoffellauchrösti und Rotweinbutter.

Auch die passionierte Weinkarte lässt kaum Wünsche offen, denn Vermetten, selbst leidenschaftlicher Sommelier, hält im Weinkeller – seiner Schatzkammer – rund 300 ausgesuchte Weine bereit. Dort, im ältesten Teil des Hauses, ist alles irgendwie noch ein klein wenig intimer und vielleicht hat deshalb das Tafeln unter dem Spitzgewölbe in unmittelbarer Nähe der „Schätze" einen ganz besonderen Reiz.

Gegrillter Weißer Heilbutt mit Knusperblatt, Olivenöl und Wildkräutersalat

Das Rezept zur Spezialität des Hauses finden Sie auf Seite 44

Hardthaus
Restaurant & Weinkeller
Marktplatz 31
84559 Kraiburg am Inn
☎ 0 86 38 / 7 30 67
www.hardthaus.de

Ederhof

Bio-Hof mit Tradition

Krustenbraten vom Duroc Schwein

Das Rezept zur Spezialität des Hauses finden Sie auf Seite 45

Nur etwa eine knappe Autostunde von München entfernt liegt inmitten des Haager Landes auf einer leichten Anhöhe der Ederhof. Doch nicht allein seine Lage im Alpenvorland mit Blick auf die Kette der Bayerischen Alpen macht den Einödhof zu etwas Besonderem. Auch das mit viel Mühe restaurierte, denkmalgeschützte Haupthaus aus dem Jahr 1861 ist einzigartig. So oder so ähnlich hat man sich in Kindertagen wohl einen Bauernhof vorgestellt. Doch der Ederhof ist bei Weitem nicht nur ein historisches Anwesen mit schöner Aussicht, sondern ein moderner Bio-Betrieb, der konsequent nach den Richtlinien des Anbauverbandes „Naturland" bewirtschaftet wird.

Der Hof wurde 1362 erstmals urkundlich erwähnt. 1984 erwarb die Familie Raupach den Betrieb. Nach und nach wurde das Gehöft zu einem heute 70 Hektar großen Bio-Betrieb ausgebaut, der inzwischen weit über die Grenzen der Region als einer von bundesweit 200 „Demonstrationsbetrieben des ökologischen Landbaus" bekannt ist. Ein erster Schritt für die Neueinsteiger in die Landwirtschaft war 1985 die Mutterkuhhaltung mit einer Herde von Deutsch-Angus-Rindern sowie die Vermarktung von Rindfleisch direkt vom Hof. Bald war für den Betriebsleiter Niko Raupach, dem „Bauern mit Leib und Seele" die Produktion von leckerem, hochwertigem Fleisch eine Art Lebensaufgabe. Für den Bio-Bauern sind Genuss und Geschmack von Fleisch nur durch artgerechte Tierhaltung zu haben, daher stehen Auslauf, viel Stroheinstreu und Platz sowie der Verzicht auf Spaltenböden ganz klar im Vordergrund.

Zu der ökologisch betriebenen Rinderzucht kam im Jahr 2000 die ökologische Mast von Duroc Schweinen. Diese ursprüngliche Rasse liefert ein besonders saftiges, aromatisches und zartes Fleisch.

Dass Niko Raupach mit der artgerechten Haltung besonderer Rinder- und Schweinerassen bis heute einem Bedürfnis vieler Verbraucher entspricht, zeigt sich an der ungebrochenen Nachfrage für diese besondere Fleischqualität aus Bio-Haltung. Diese Nachfrage besteht sowohl bei den Kunden der Direktvermarktung als auch bei den Edelgastronomen, die sich vom Ederhof beliefern lassen.

Ederhof
Neuberg 7
83527 Haag/Obb.
☎ 0 80 72 / 9 89 92
www.ederhof.com

Idylle mit Kircherl

Landgasthof Stiller in Lindum

Schön ist es im Isental. Hier erlebt man Bayern wie aus dem Bilderbuch. Die Isen bahnt sich durch Auenwälder, Schilf und Moore ihren Weg, an sanfte Hügel schmiegen sich Felder, Wiesen und Wälder, alte Einödhöfe lugen hinter knorrigen Obstbäumen hervor und wechseln sich mit reizvollen Dörfern ab. Und inmitten einer der letzten intakten und unverbauten Naturlandschaften Altbayerns kann man ein kulinarisches Juwel entdecken: den Landgasthof Stiller. Zwischen Dorfen und Isen liegt der kleine Weiler Lindum, wo die Familie Haas nun schon in dritter Generation ihren Gasthof betreibt. Hier findet der hungrige Wanderer ebenso sein Lieblingsgericht, wie der anspruchvolle Genießer.

Fernab von Lärm und großstädtischem Trubel führen verschiedene Wege zu der in eine wundervolle Naturkulisse eingebetteten Gastwirtschaft. Doch am schönsten ist wohl die Wanderroute, die von Dorfen aus durch das hüglige Isental führt, auf dem Höhenrücken am Schwammerl einen grandiosen Blick über das Tal erlaubt, und nahe dem Lindumer Kircherl auf das beliebte Ausflugsziel trifft.

Begonnen hat alles vor über 80 Jahren, als Adam Stiller, der Namensgeber des Hauses, das Ausflugslokal gründete. Schon damals mostete der Großvater Obstweine und brannte diverse Schnäpse aus Früchten des eigenen Gartens. Diese Tradition hat sich bis in die Gegenwart fortgeschrieben, denn auch heute können die Gäste ein selbstgebranntes Schnapserl genießen, das von den Früchten der fünfzig Bäume stammt, die gleich hinter dem Haus alljährlich eine gute Ernte versprechen.

Kalbsröllchen mit Pfifferlingen und Kartoffelstampf

Das Rezept zur Spezialität des Hauses finden Sie auf Seite 45

Doch das sind nicht die einzigen Spezialitäten des gastfreundlichen Hauses im Grünen, denn Franz und Brigitte Haas, die sich seit 1974 um das Wohl ihrer Gäste kümmern, sind beständig darum bemüht ein abwechslungsreiches, aber bodenständiges Angebot bereitzuhalten. Das lässt auch die Speisekarte erkennen, deren Charakter der Wirt als „moderne bayerische Küche mit internationalen Spezialitäten" beschreibt. Dafür sorgen in der Küche Vater und Sohn Haas, während die Chefin darauf achtet, dass es Groß und Klein in den gemütlichen Gasträumen und auf der geräumigen Gartenterrasse an nichts fehlt.

Ein ganz besonderes Gaumenerlebnis sind neben den saisonalen Wild- und Fischgerichten sicherlich

die Hauberlinge. Sie sind eine Spezialität der Region und nur dort zu Hause. Zubereitet wird dieses Schmalzgebäck aus einem mit Weißbier angemachten Hefeteig, der mit Salz und Kümmel gewürzt wird. Zu drei bis vier aneinandergesetzte kleinere Kugeln geformt, werden sie dann in heißem Fett goldgelb ausgebacken und schmecken besonders gut zu Rehragout oder auch saurem Lüngerl. Eine Frühjahrsspezialität ist der hauseigene Holunderblütensirup, während im Herbst Apfelküchle aus eigener Ernte die Speisekarte bereichern. Zu alldem hält der von Franz Haas gepflegte Weinkeller ein umfangreiches Sortiment an deutschen, italienischen und französischen Weinen bereit, das keine Wünsche offen lässt.

Ein ganz besonders Angebot hält die Wirtsfamilie für Brautpaare bereit. Auf Wunsch können sich angehende Eheleute in dem nur wenige Meter entfernten malerischen Lindumer Kirchlein trauen lassen. Doch auch für andere kirchliche Anlässe bietet sich das kleine Kircherl aus dem 15. Jahrhundert an. Und lässt es das Wetter zu, werden vor allem im Sommer die Tische auch im Freien gedeckt, sodass man mitten in der Natur heiraten oder anderswie feiern kann, während sich die Kinder auf dem Spielplatz nebenan austoben. Sogar für einen Shuttle-Service zu den Hotels der Umgebung wird gesorgt.

Wem anschließend noch der Sinn nach Geschichte und Kultur steht, kann das nahe gelegene Renaissance-Schloss Schwindegg besuchen, vom Schloss Burgrain aus über das Isental blicken oder der historischen Altstadt von Dorfen einen Besuch abstatten und dort in der Wallfahrtskirche Mariä Himmelfahrt den Hochaltar nach Entwürfen des berühmten Barockkünstlers Egid Quirin Asam bewundern.

Landgasthof Stiller in Lindum
Lindum 3
84405 Dorfen
☎ 0 80 81 / 5 37
www.stiller-lindum.de

Kirchlein und Kapelle bei Niederaich, Holzland

Schoko-Espresso-Schnitte

Glonntaler Backkultur, S. 21

Zutaten für ein Haushaltsbackblech

250 g Butter | 330 g Zucker | 500 g Vollei | 200 g fein geriebene Mandeln | 30 g Kakao | 170 ml Espresso | 400 g dunkle Kuvertüre

Zubereitung

Butter und Zucker leicht aufschlagen. Das Vollei nach und nach hinzugeben und zügig Mandeln und Kakao unterrühren. Den Espresso auf etwa 80 Grad erwärmen, aber nicht kochen. Die zerkleinerte Kuvertüre im heißen Espresso auflösen (sollte zuvor schon vorbereitet sein) und mit der Masse vermengen. Das Backblech mit Backpapier auslegen und die Masse daraufgeben. Den Ofen auf 200 Grad vorheizen, dann auf 180 Grad zurückdrehen. Die Backzeit beträgt etwa 40 Minuten. Bei Zimmertemperatur servieren.

Walnuss-Schoko-Becher

Martin Kiendl – Brennerei, S. 23

Zutaten für 4 Personen

Walnusseis | Schokoladeneis | Walnusskerne | 100 ml Schlagsahne | 2 EL Vanillezucker | 80 ml Dessertsauce (Karamell) | 80 ml Walnuss-Sahne-Likör

Zubereitung

Je zwei Kugeln Walnusseis und eine Kugel Schokoladeneis in einen vorgekühlten Eisbecher geben. Einige Walnusskerne darüber verteilen und je einen Esslöffel Karamellsauce darüberträufeln. Dann je nach persönlichem Geschmack den Likör über das Eis geben. Die Sahne aufschlagen und mit Vanillezucker süßen. Einen dicken Klacks Schlagsahne auf jeden Eisbecher geben und schließlich mit der restlichen Karamellsauce begießen. Eventuell mit einer Eiswaffel, einem Schokoladenplättchen oder Schokostreuseln dekorieren.

Gefülltes Schweinefilet im Weißbierteig

Bräu im Moos, S. 24

Zutaten für 4 Personen

600 g Schweinefilet, Mittelstück | 100 g gekochter Schinken | 2 Scheiben Emmentaler Käse | 1 EL Spinat, fein püriert | 1 EL süßer Senf (Bayerischer Senf) | 1 EL Petersilie, gehackt | 50 g Parmesan | 1 Eigelb | 1 Ei | 250 g Mehl | 1 TL Kümmel, gemahlen | 1 TL Majoran | 250 ml dunkles Weizenbier | 150 g Butterschmalz | Salz, Pfeffer

Zubereitung

Das Schweinefilet in vier gleich große Stücke à 150 Gramm schneiden. In jedes Stück eine tiefe Tasche schneiden und beide Seiten der Tasche etwas flach klopfen. Diese salzen, pfeffern und mit Senf dünn bestreichen. Auf beide Seiten je ein kleines Stück Schinken und Käse legen.

Den Parmesan, ein Eigelb, Petersilie, Spinat und etwas Salz zu einer dicken Masse verarbeiten und in die Mitte jeder Tasche eine kleine Nocke dieser Fülle geben. Die Tasche zuklappen und mit einem Fleischklopfer die Ränder klopfen. Von außen salzen, leicht mehlieren und in den vorher aus Mehl, Kümmel, Majoran, einem Ei und dem Bier glatt gerührten Teig vorsichtig eintauchen, sodass der zähflüssige Teig an jeder Stelle des Fleischs haften bleibt. Die in den Bierteig getauchten Filets langsam im Butterschmalz ausbacken.

Mit Petersilien-Kartoffelpüree und Gemüse oder Krautsalat von frischem Weißkraut oder Spitzkohl servieren.

Gebratene Ente

Geflügelhof Lugeder, S. 29

Zutaten für 4 Personen

1 Ente | 1 Bd. Suppengemüse | 1 Zwiebel | 200 ml helles Bier | etwas saure Sahne | Majoran | Brühe zum Aufgießen | Salz, Pfeffer

Zubereitung

Die Ente waschen und innen und außen mit Salz und Pfeffer einreiben. In eine Bratreine (Bräter) die Zwiebelwürfel geben und die Ente darauflegen. Das Suppengemüse um die Ente verteilen, mit etwas Brühe aufgießen und bei 160 Grad etwa zwei Stunden in der Bratröhre braten. Dabei mehrmals mit dem Bratensatz übergießen und gegebenenfalls etwas Brühe nachgießen. Kurz vor Ende der Garzeit die Ente mit dem hellen Bier übergießen und die Temperatur etwas erhöhen.

Nach dem Ende der Garzeit die Ente aus der Reine nehmen und im Ofen ruhen lassen. In der Zwischenzeit den Bratensatz mit etwas Brühe aufkochen, durch ein Sieb passieren und entfetten. Mit saurer Sahne verfeinern und mit Salz, Pfeffer und Majoran abschmecken. Die Ente aus dem Ofen nehmen und mit der Sauce servieren.

Als Beilagen Blaukraut und Kartoffelknödel reichen.

Bachsaibling mit Radieserl und Gurken

Gasthof Huberwirt, S. 30

Zutaten für 4 Personen

Gurken-Wasabi-Suppe *1 Gurke | 50 g Crème fraîche | Wasabi aus der Tube | Chicken Chili Sauce | Weißer Balsamico | Mineralwasser | Limettensaft | Salz | Pfeffer | Cayenne*

Saibling-Spießerl *1 Saiblingsfilet | 4 Radieserl | Fleur de Sel | schwarzer Pfeffer | Olivenöl | Zitronensaft | Estragon, frisch gehackt | Schnittlauch, fein geschnitten*

Gebratener Saibling *4 Saiblingstücke á 60 g | Pfeffer, Salz | Öl zum Braten*

Marmelade *125 g Radieserl, gewürfelt | 45 g Zucker | 20 g Weißer Balsamico | Salz | Cayenne | Schwarzer Pfeffer | etwas Öl*

Radieserl-Gurkensalat *1 Gurke | 4 Radieserl | 1 Frühlingslauch | Weißer Balsamico | Olivenöl | Petersilie, gehackt | Limettensaft | Frischer Meerrettich | Zucker | Salz, Pfeffer*

Zubereitung

Für die Gurken-Wasabi Suppe die Gurke waschen, schälen, in Scheiben schneiden und mit den anderen Zutaten im Mixer aufschlagen und kräftig abschmecken. Die Gurkensuppe in kleine Gläser füllen.

Für das Spießerl das enthäutete Saiblingsfilet in hauchdünne Scheiben schneiden und mit Fleur de Sel würzen. Den Fisch in einer Marinade aus Salz, schwarzem Pfeffer, Olivenöl, Zitronensaft, gehacktem Estragon und fein geschnittenem Schnittlauch marinieren. Die in Ecken geschnittenen Radieserl ebenso marinieren. Die Fischscheiben und Radieserlecken auf ein Spießerl stecken und damit sowie mit Schnittlauchstängeln die Gurkensuppengläser garnieren.

Für den Saibling auf Radieserl-Gurkensalat zuerst die Haut der Saiblingstücke einritzen, salzen und pfeffern und in etwas Öl braten.

Die Zutaten für die Marmelade am Vortag etwa 20 Minuten zu einer marmeladeartigen Konsistenz einkochen und abkühlen lassen.

Die gehobelte Gurke, die in Scheiben geschnittenen Radieserl und den klein geschnittenen Frühlingslauch mit Salz, Pfeffer, Zucker, weißem Balsamico, Olivenöl, gehackter Petersilie, Limettensaft und etwas frischem Meerrettich anmachen.

Gegrillter Weißer Heilbutt mit Knusperblatt, Olivenöl und Wildkräutersalat

Hardthaus Restaurant & Weinkeller, S. 33

Zutaten für 4 Personen

400 g Filet vom Weißen Heilbutt | 150 g Wildkräutersalat | 40 ml Olivenöl, Extra Vergine | 1 Strudelblatt | Saft 1 Zitrone | 1 Schale Babytomaten (San Marzano) | 10 g Fenchelsamen | 1 Bd. Basilikum | Fleur de Sel | etwas Puderzucker | Salz, Pfeffer

Zubereitung

Den Heilbutt in vier gleichmäßige Stücke schneiden und mit Olivenöl bepinseln. Den Strudelteig in rechteckige (3 x 12 cm) Stücke scheiden und 6 Minuten bei 180 Grad backen. Die Fenchelsamen mit Puderzucker in einer Pfanne karamellisieren. Die Babytomaten vierteln und mit Pfeffer, Salz und Olivenöl marinieren. Die Heilbuttstücke beidseitig leicht grillen und auf einem heißen Teller anrichten, Fleur de Sel daraufstreuen und mit Olivenöl begießen. Jeweils ein Knusperblatt auf ein Stück Heilbuttfilet legen, den Wildkräutersalat mit Olivenöl und Zitronensaft marinieren und auf das Knusperblatt legen. Den Teller mit den Babytomaten, den Fenchelsamen und dem Basilikum garnieren.

Krustenbraten vom Duroc Schwein

Ederhof, S. 34

Zutaten für 4 Personen

1,5 kg Schweinebraten mit Schwarte vom Duroc Schwein | 50 g Butter | 500 ml Bier | 2 Zwiebeln | 2 Karotten | 2 Scheiben dunkles Brot vom Vortag mit viel Rinde | Paprikapulver | Knoblauch | gemahlener Kümmel | Sonnenblumenöl | Salz, Pfeffer

Zubereitung

Die Schwarte des Schweinebratens rautenförmig einschneiden. Salz, Pfeffer, Paprikapulver, frisch gepressten Knoblauch und (nach Geschmack) gemahlenen Kümmel mit etwas Sonnenblumenöl verrühren und den ganzen Braten damit einreiben. Die Butter im Bräter schmelzen. Den Braten mit der Schwarte nach unten in die Bratform legen. Zuerst mit Wasser, später mit Bier (besonders gut ist dunkles Bier) aufgießen. In Stückchen geschnittene Zwiebeln, Karotten und dunkles Brot vom Vortag mit in die Bratform geben. Den Bräter in den Backofen schieben und, je nach Bauart des Ofens, bei circa 180 bis 200 Grad garen. Nach der Hälfte der Garzeit den Braten wenden. Das Bier immer wieder über den Braten gießen, damit genug Sauce vorhanden ist. Circa 10 Minuten vor dem Ende der Garzeit den Backofen auf „grillen" stellen, damit die Kruste schön knusprig wird. Zum Ende der Garzeit (etwa 90 Minuten) den Braten aus der Bratform nehmen und kurz ruhen lassen. Nun kann die Sauce zubereitet werden. Mit dem Pürierstab das Gemüse und das Brot mit dem Bratensaft und dem angegossenen Bier im Bräter pürieren. Wer es noch feiner mag, kann das Ganze anschließend durch ein feines Sieb passieren. Damit man die Kruste gut schneiden kann, empfiehlt es sich, den Braten beim Schneiden umzudrehen. Serviert wird der Braten am besten mit bayerischen Semmelknödeln und Krautsalat, vorstellbar sind aber auch ein Kartoffelgratin oder Ofenkartoffeln.

Kalbsröllchen mit Pfifferlingen und Kartoffelstampf

Landgasthof Stiller in Lindum, S. 37

Zutaten für 4 Personen

Kalbsröllchen *4 Scheiben von der Kalbsoberschale à 180 g | 300 g Kalbsbrät | 250 g Pfifferlinge, geputzt | 100 ml Sahne | Petersilie, gehackt | Wurzelgemüse | Weißwein | Salz, Pfeffer*

Kartoffelstampf *800 g Kartoffeln, gekocht | 150 g Zwiebeln | 50 g Butter | Petersilie, gehackt | Muskat | Salz, Pfeffer*

Zubereitung

Pfifferlinge mit etwas Öl anbraten, mit Salz und Pfeffer würzen. Kalbsfleischscheiben dünn klopfen und würzen. Kalbsbrät mit der Hälfte der Pfifferlinge und mit der gehackten Petersilie mischen. Die Kalbsfleischscheiben einstreichen, einrollen und mit Rouladennadeln feststecken. Die Röllchen im Bräter mit etwas Wurzelgemüse anbraten und etwa 60 Minuten bei kleiner Hitze schmoren. Die Sahne hinzugeben und die Sauce eventuell etwas binden und passieren. Die Röllchen in Scheiben schneiden und auf der Sauce anrichten. Die restlichen Pfifferlinge auf den Tellern verteilen.

Für den Kartoffelstampf die gekochten Kartoffeln schälen und zerstampfen. Die mit Butter angeschwitzten Zwiebeln und die gehackte Petersilie untermischen und würzen. Den fertigen Kartoffelstampf in eine Tasse drücken und auf den Teller stürzen.

St. Johann Baptist, Bergkirchen

St. Benedikt, Odelzhausen

Westlich von München

Verlässt man München gen Westen, begegnet man neuen Gewerbegebieten, riesigen Einkaufscentern und ausgedehnten Wohnsiedlungen, die sich immer weiter in die Landschaft fressen. Durch ein Netz von Autobahnen, Bundesstraßen und Bahnstrecken sind die Landkreise Fürstenfeldbruck und Dachau eng mit der Landeshauptstadt verflochten. Je weiter aber die Landeshauptstadt heranrückt, desto stärker haben die prosperierenden Kreisstädte ihre Infrastruktur ausgebaut und moderne Veranstaltungszentren wie die Stadthalle Germering oder das Kulturforum Fürstenfelder geschaffen, die mit einem hochkarätigen Kulturangebot aufwarten. In vielen Dörfern finden dank privater Initiativen in ehemaligen Stadeln oder in Gasthöfen Theater- und Kleinkunstveranstaltungen, Kabarett und Konzerte von Jazz bis Klassik statt. Hier hat sich eine spannende Szene entwickelt, die schon lange über die Region hinaus mit großem Interesse wahrgenommen wird.

An der Amper, so heißt es, hat man die Großstadt hinter sich gelassen und spürt bereits das Land. Die Gegend zwischen Amper, Glonn und Paar mit sanften Hügeln, Wäldern und den weiten Ebenen der (einstigen) Moore, die man hier Moos nennt, hat noch viel von dem über Jahrhunderte gewachsenen Bauernland bewahrt. Sie ist nicht spektakulär, hat aber eine eigene Schönheit und irgendwie etwas Vertrautes. Hier winden sich stille Landstraßen zwischen den Feldern zu kleinen Dörfern, und in der Ferne tauchen immer wieder Kirchtürme mit den typischen Zwiebelhauben auf, gerade als würden sie aus den Hügeln sprießen. Man liest so eigenartige Ortsnamen wie Odelzhausen, Sulzemoos, Xygern, Sixtnigern, Übelmanna ... Um Auge und Seele zu erfreuen, muss man nicht bis in die Alpen fahren. Die hat man hier sowieso, denn bei Föhnwetterlagen – und die gibt es oft – sieht man von den Höhenzügen aus deren grandioses Bergpanorama.

Kein anderer hat wohl das Bild von Land und Leuten so geprägt wie Ludwig Thoma mit seinen Bauerngeschichten. Der Simplicissimus-Redakteur lebte einige Jahre als Anwalt in Dachau. Bei Kleinberghofen hatte er eine Jagd gepachtet und kehrte gern in manchem Gasthof ein, der, soweit es ihn noch gibt, die Erinnerung an den illustren Gast hochhält. Ende des 19. Jahrhunderts kamen dann die Ausflügler aus der Stadt. Sie reisten mit dem neuen „Bähnchen" von Dachau über Markt Inders-

Klosterkirche, Altomünster

dorf nach Altomünster, fuhren mit der „Mooskuh", dem einzigen Dampfschiff, das eigentlich Maria Theresia hieß, auf der Amper von Grafrath zum Ammersee und zurück und badeten im Fluss. Sie folgten den Künstlern, die schon lange die „Malerluft" und das „Malerlicht" aus ihren Münchner Ateliers gelockt hatten. Wilhelm Leibl, Max Liebermann, Lovis Corinth, Max Slevogt und viele andere ließen sich vom Landleben inspirieren. Die Künstlerkolonie in Dachau verzeichnete zwischen 1890 und 1914 etwa 300 Maler, Grafiker und Bildhauer, darunter etwa 50 Künstlerinnen, die „Malweiber", wie man sie hier nannte. Die Dachauer Gemäldegalerie präsentiert viele Meisterwerke dieser Maler und ihres Umkreises. Das Museum befindet sich mitten in der idyllischen Altstadt, in der schon Carl von Spitzweg manche seiner biedermeierlichen Bildmotive fand. Noch heute zeigt sich das alte Dachau mit schönen alten Giebelhäusern an der kopfsteingepflasterten Straße, deren höchsten Punkt die Pfarrkirche St. Jakob einnimmt. Über der Stadt und über der Amper thront das Dachauer Schloss beziehungsweise jener Rest, der von der einstigen Renaissance-Veste der Wittelsbacher erhalten ist. Von hier aus schweift der Blick nach München und über die flache Ebene weit nach Süden bis hin zu den Bergen. Dachau wäre ein Idyll an sich – hätten sich nicht die Bilder von den Gräueltaten im Konzentrationslager unauslöschlich in das kollektive Gedächtnis eingegraben. Heute ist

St. Jakob, Dachau

Schloss Dachau

das Gelände des ehemaligen Konzentrationslagers Gedenkstätte und Lernort zugleich.

Fürstenfeldbruck hat seinen Charme als beschauliches Landstädtchen weitgehend bewahrt. Die ehemalige Zisterzienserabtei auf dem Fürstenfeld wurde Anfang des 18. Jahrhunderts großartig ausgebaut, und man erlebt den lichtdurchfluteten Innenraum der Klosterkirche als barockes Juwel mit überbordendem Stuck, Gold und herrlichen Fresken des Cosmas Damian Asam. Das Kloster entstand im 13. Jahrhundert als Sühnestiftung Ludwigs des Strengen, denn der hatte, rasend vor Eifersucht, seine Gemahlin enthaupten lassen, und das noch zu Unrecht!

Auch das Kloster Indersdorf im Dachauer Hinterland ist ein Sühnekloster der frühen Wittelsbacher. Die gewaltige romanische Basilika erhielt ein Kleid in den schwelgerischen Formen des Rokoko mit Fresken und üppigem Rocailledekor. Weiter gen Westen grüßt schon von Weitem der hohe, elegante Turm der Klosterkirche von Altomünster, den König Ludwig I. als den „schönsten Turm in seinem Königreich" bezeichnete. Im Kloster, das vermutlich schon im 8. Jahrhundert von dem iroschottischen Mönch Alto gegründet worden ist, leben heute noch Nonnen des aus Schweden stammenden Brigittinnenordens.

Große Baumeister und Künstler haben zwischen Amper und Paar herrliche Kirchen errichtet oder umgebaut und im schwelgerischen Barock oder im heiteren Prunk des Rokoko ausgestattet, so etwa St. Rasso in Grafrath oder St. Ulrich in Eresing. In den Kirchen von Bergkirchen, Sigmertshausen oder Altomünster kann man die grandiosen Raumerfindungen des begnadeten Kirchenbaumeisters Johann Michael Fischer bestaunen.

Die Region um Dachau und Fürstenfeldbruck ist ein frommes Land. Davon zeugen die stolzen Klöster und schmucken Kirchen, aber auch die vielen kleinen Wallfahrtskapellen oder die Flurkreuze, die sich allerorts an Feldraine und Wegesränder schmiegen. Alte Traditionen und Bräuche der Volksfrömmigkeit und die vielen Wallfahrten blieben bis heute sehr lebendig und spiegeln die enge Verbundenheit mit dem bäuerlichen Leben wider. So gibt es Ende Oktober/Anfang November in Fürstenfeldbruck zu Ehren des Heiligen Leonhard, dem Schutzheiligen des Viehs und insbesondere der Pferde, die Leonhardifahrt mit herausgeputzten Pferden, großen Gespannen, Kutschen und Wagen. In Jesenwang findet am letzten Aprilsonntag der Willibaldsritt statt, bei dem die stolzen Rösser auch mitten durch die kleine Wallfahrtskirche St. Willibald hindurchreiten. Ein neuerer Brauch wird in Fürstenfeldbruck gepflegt. Am Tag der Heiligen Lucia, am 13. Dezember, werden von Schulkindern gebastelte Lichterhäuschen geweiht und dann an der Amperbrücke in den Fluss gesetzt, wo sie auf dem Wasser treibend langsam in der Dunkelheit entschwinden.

Altes Schulhaus in der Dachauer Kulturschranne

Im Herzen der Stadt

Ochsenbackerln mit Birnen-Bohnen-Gemüse

Das Rezept zur Spezialität des Hauses finden Sie auf Seite 82

Kommt man in Dachaus Altstadt die mit Kopfstein gepflasterte Straße hinauf, findet man Kirche und Altes Schulhaus vertraut beieinander. Das stattliche Schulgebäude aus der Biedermeierzeit, das früher auch als Markthalle beziehungsweise als Schranne (Getreidemarkt) diente, wurde im Herbst 2010 zu einem gastronomischen Allround-Betrieb mit Veranstaltungsbühne und der Galerie der Künstlervereinigung Dachau ausgebaut. Ein dynamisches Trio junger Gastronomen steht hinter dem Ganzen. Mit Elan, Kreativität und Professionalität, die sie auch im Ausland geschult haben, setzen sie ein anspruchsvolles Programm um.

Das Café-Bistro im Erdgeschoss öffnet sich zu den lauschigen Plätzen unter Lindenbäumen. Hier lässt man sich nieder zu einem Kaffee, vielleicht zum „Pausenbrot", wie es auf der Karte steht, trifft sich, sieht sich und genießt die nette Umgebung. Drinnen – man sollte die phantastische Kuchentheke auf keinen Fall verpassen (!) – bereitet der Koch in der offenen Küche die bestellten Gerichte frisch zu. Die Lieferanten – Gärtner, Bäcker, Konditorin, Fischzüchter oder Metzger – kommen aus der Nachbarschaft oder aus der nahen Region, und so ist das Speisenangebot je nach Saison immer aktuell. Die Küche prägt bayerisches Lokalkolorit, aufgefrischt mit einer mediterranen Brise.

Im ersten Obergeschoss wird in der Speisemeisterei á la carte getafelt, zugleich ist die Beletage eine komfortable Veranstaltungsstätte – für Jazz bis Volksmusik, Kleinkunst oder den Dichterwettstreit Poetry-Slam. Hier kann ein schöner Abend mit einem kulturellen Event kulinarisch eingestimmt werden und in der Bar, die mit ihren Cocktails und Drinks große Klasse hat, ausklingen. Die Räumlichkeiten samt Catering werden übrigens auch für private Anlässe zur Verfügung gestellt.

Man fühlt sich wohl, wo einst Dachaus Kinder paukten, und so kommt es vor, dass ein Gast spontan in die Tasten greift und sich andere Musiker dazugesellen. Im Sommer erklingt oft auf den romantischen Plätzen rund um das Schulgebäude und die Kirche Musik und man stimmt Ludwig Thoma zu, der sich erinnerte: „... am schönsten war's doch in Dachau."

Altes Schulhaus in der Dachauer Kulturschranne
Pfarrstraße 13
85221 Dachau
☎ 0 81 31 / 2 78 73 60
www.altes-schulhaus-dachau.de

Altes Schulhaus
Schulhaus
Schulhaus

HOFLADEN
HOFTHEATER

Ein Bauernhof und mehr

Die Hofstelle gibt es wohl schon seit über 500 Jahren und ist seit Generationen im Müller'schen Besitz. Seit 1995 bewirtschaftet Tochter Christine den elterlichen Hof mit ihrem Mann Holger Weller nach Bioland-Richtlinien.

Die umliegenden Grasflächen bevölkert das Geflügel des Hofes: Enten, Gänse, Puten, Legehennen und Gockerl. Das liebe Federvieh führt hier ein glückliches Leben: das ganze Jahr Freilauf und das in angenehmer Nachbarschaft, denn mit Bedacht wird es in überschaubaren Kleingruppen gehalten, in denen „die Chemie" untereinander stimmt. Holger Weller forscht schließlich hauptberuflich an der Hochschule Weihenstephan auf dem Gebiet ökologische Geflügelzucht.

Die Schweine des Müllerhofs wie auch die Ziegen, Schafe und Damhirsche können sich in Freigehegen nach Herzenslust bewegen und sind immer eine Attraktion für Ausflügler. Das Tierfutter wird auf den hofeigenen Feldern organisch-biologisch erzeugt und ist, wie auch die zugekauften Öko-Futtermittel, gentechnikfrei. Egal ob Zwei- oder Vierbeiner – die robusten und gesunden Tiere danken ihre gute Haltung mit einer hervorragenden Fleischqualität.

Die Vermarktung der Produkte erfolgt ausschließlich im eigenen Hofladen. Das Fleisch gibt es saisonal auf Vorbestellung. Frischer und direkter geht's nicht. Im kleinen Laden werden darüber hinaus köstliche hausgemachte Marmeladen und Liköre angeboten.

Zum Müllerhof gehörten um 1900 auch eine vierstöckige Kunstmühle und ein Sägewerk, angetrieben von Wasserkraft. Auch heute plätschert die Maisach nicht einfach so dahin, denn im Kanal klappert ein hölzernes Mühlrad und liefert Ökostrom für Haus und Hof.

In den ehemaligen Kuhstall ist 2005 die Kultur eingezogen und wurde für das Hoftheater, das feste Ensemble eines Tourneetheaters, zur Probe- und Spielstätte. Die Aufführungen des Hoftheaters sind längst im Kalender vieler Theaterfreunde verankert. Also auch hier: rechtzeitig vorbestellen!

Freilandgockerl mit Knödelfüllung

Das Rezept zur Spezialität des Hauses finden Sie auf Seite 82

Biolandhof Beim Müller
Mühlstraße 8
85232 Bergkirchen
☎ 0 81 31 / 35 11 13
www.hoftheater-bergkirchen.de

Bentenrieder Hof

Henne oder Ei?

Hähnchenbrust mit Tagliatelle und Paprikasauce

Das Rezept zur Spezialität des Hauses finden Sie auf Seite 83

Was war zuerst da? Gleichwohl, auf dem Bentenrieder Hof steht beides im Mittelpunkt, und das schon seit fast 50 Jahren, als man den einstigen Milchviehbetrieb zum Hühnerhof umstellte. Der familiengeführte Hof liegt in malerischer Umgebung im kleinen Dorf Prittlbach, unweit von Dachau, wo sich bei Föhnwetter ein herrliches Alpenpanorama öffnet.

Um aber auf den Anfang zurückzukommen: An erster Stelle steht wohl das Futter für die Henne, und dieses wird hier selbst erzeugt, garantiert ohne Gentechnik. Weizen und Mais wachsen auf schonend behandelten Böden rund um den Hof und werden in der eigenen Mahl- und Mischanlage frisch verarbeitet.

Die Legehennen haben in den modernen Ställen genügend Platz, sodass sie ihrem artgemäßen Verhalten entsprechend fressen, scharren, schlafen und natürlich fleißig Eier legen können. Letzteres

tun sie ungestört in Legenestern an extra ruhigen Stellen des Stalles. Je nach Haltungsform kann sich das Geflügel auch im Wintergarten und im Auslauf frei bewegen. Man hat die Gewissheit, dass die so sorgfältig ernährten und gehaltenen Tiere wohlschmeckende, unbelastete Eier und gesundes Fleisch liefern.

Zum Konzept des Hofs gehört auch die Direktvermarktung der eigenen Produkte im Hofladen wie auch auf Wochenmärkten in Dachau und München. Neben frischem Geflügelfleisch und Eiern jeder Größe sind die Bentenrieder Nudeln wirklich „das Gelbe vom Ei". Aus eigener handwerklicher Herstellung stammen mehr als 40 Nudelsorten – Bandnudeln in allen Breiten, Saucen-, Suppen-, Walznudeln, Spätzle, Spaghetti, Spirelli – und, und, und ... Verwendet werden nur frische Eier vom Hof und Hartweizen- wie auch Dinkelgrieß. Diese Spezialitäten werden von der kritischen Hausfrau wie auch von den vielen Restaurants, die zur festen Kundschaft zählen, geschätzt. Der Hoftrunk ist das i-Tüpfelchen der Eierverarbeitung, ein nach altem Rezept hergestellter köstlicher Likör aus Eiern. In jeder Hinsicht von gutem Geschmack sind die Präsentkörbe mit liebevoll zusammengestellten Produkten vom Bentenrieder Hof.

Bentenrieder Hof
Dorfstraße 69
85241 Prittlbach
☎ 0 81 31/73 57 75
www.bentenrieder-hof.de

HOF
BENTENRIEDER
hier gibts ab Hof
Eier - Nudeln - Geflügel
Hoftrunk & Geschenkideen

Altstadt, Dachau

WEINRAUM
chilihair
RAUFFER

Jeder Diebstahl
zur Anzeige

Unser tägliches gutes Brot

Polz Bäckerei und Konditorei

In Ampermoching, hinter Dachau in der Amperaue, findet man das Stammhaus der Bäckerei Polz. Das Geschäft bietet als Tante-Emma-Laden das nützliche Vielerlei für den täglichen Bedarf und ist zugleich reges Kommunikationszentrum im Dorf. In den Brotregalen und an der Theke herrscht jedoch kompromisslos Bio-Qualität, Vollkornbrote und -semmeln tragen das Demeter-Siegel.

Vor dreißig Jahren beginnt Thomas Polz in der elterlichen Bäckerei mit der Herstellung von Vollkornbrot. Anfangs skeptisch vom Senior beäugt, wird er zum Pionier der Bio-Bäckerei, und bald bestätigt ihn der Erfolg. Schließlich wird er 2011 mit dem Staatspreis der bayerischen Bäckerinnung in Gold für kontinuierlich gute Qualität ausgezeichnet. Im Jahr 1986, als die Tschernobyl-Katastrophe viele Menschen für eine gesunde Ernährung sensibilisiert, übernimmt er mit seiner Frau Sabine das Geschäft und baut die Bio-Produktion weiter aus. Der Betrieb mit heute über 40 Mitarbeitern beliefert nicht nur fünf Filialen, darunter auch zwei neue in Dachau, sondern ebenso Naturkostläden, Reformhäuser, Hofläden, Brotstände und viele Restaurants in und um München mit Brot, Semmeln, Brezen, Torten und Kuchen.

Thomas Polz ist mit Leib und Seele Bäcker und liebt sein Handwerk. Auf dessen Grundlage entwickelt er ständig neue Rezepturen, um den differenzierten Geschmäckern und Bedürfnissen einer bewussten und anspruchsvollen Kundschaft zu entsprechen. Verschiedene Getreidesorten, Gewürze und Beigaben wie Nüsse, Sesam, Kürbiskerne oder Oliven werden zu köstlichen Brotkreationen verarbeitet. Das Mehl stammt ausschließlich aus biologischer, regionaler Produktion und wird vorwiegend in firmeneigenen Mühlen gemahlen. Fertige Backmischungen, künstliche Aromen oder chemische Zusatzstoffe sind tabu. Entscheidend ist, dass der Teig durch natürliche Triebmittel mit der notwendigen Zeit und Ruhe „gehen" darf, um seinen natürlichen Geschmack voll zu entwickeln. Menschen mit Lebensmittelunverträglichkeiten und Allergien müssen nicht auf den Genuss schmackhafter Backwaren verzichten, denn das Polz-Angebot hält auch spezielle gluten-, hefe- oder weizenfreie Produkte bereit, denn: Gutes Brot ist Vertrauenssache.

Dinkelvollkorn-Quiche

Das Rezept zur Spezialität des Hauses finden Sie auf Seite 83

Polz Bäckerei und Konditorei
Dachauer Straße 9
85778 Ampermoching
☎ 0 81 39 / 61 10
www.baeckerei-polz.de

Dolce Munich
Unterschleißheim

Nahrung für die Sinne

Fahrenzhausener Freilandhähnchen im Tandoori-Kokosmantel mit Sesamschaum, Mangold und Linsen

Das Rezept zur Spezialität des Hauses finden Sie auf Seite 84

Gäbe es das Dolce nicht, müsste man es erfinden! Das 2010 eröffnete 4-Sterne-plus Hotel an der nördlichen Peripherie Münchens ist mit seinen 255 Zimmern und Suiten perfekt auf Geschäfts- und Kurzzeitreisende und exklusiv auf alle Anforderungen eines modernen Tagungsbetriebes eingestellt. Die Münchner Innenstadt und der Flughafen sind unmittelbar angebunden, nur ein Katzensprung ist es zu den berühmten Schlössern und dem Luftfahrtmuseum nach Oberschleißheim oder zur Allianz-Arena.

Als Veranstaltungs- und Tagungsforum sucht das Dolce auf jeden Fall seinesgleichen. 1300 Quadratmeter multifunktionaler Eventfläche bietet hier das futuristische Auditorium des BallhausForums. Dazu kommen noch 22 separate Seminar- und Veranstaltungsräume.

Die Innenarchitektur aller Hotelbereiche besticht durch elegantes Design und besonders edle Materialität. Dabei verrät manch „Typisch Bayerisches" auch einen gewissen Witz. Im Spa-Bereich im Untergeschoss, aber auch in der Sky Lounge im siebenten Stock, wo sich ein atemberaubend schöner Alpenblick eröffnet, kann man neue Energie tanken und sich aus dem Alltag hinwegträumen. Exklusivität, Behaglichkeit und Lifestyle finden im Dolce zu einer sympathisch entspannten Atmosphäre zusammen.

Mit perfektem Service werden die Gäste des Dolce rundum ver- und umsorgt. Für das leibliche Wohl sind gleich zwei Küchenchefs mit ihren Teams zuständig. Karsten Luther managt den gesamten À-la-carte-Bereich, einschließlich des Restaurants

Redox, in dem man in privater Atmosphäre fein speisen und genießen kann. Von exklusiven Menü-Kreationen über bayerische Schmankerln bis zum leichten Snack bietet er einfach alles. Im Restaurant Viktualien wird das sensationell gute Frühstücksbuffet und das Mittagsbuffet mit vielen köstlichen und gesunden Delikatessen angerichtet. Neben dem gesamten Großveranstaltungs-Geschäft sorgt Mario Busch auch hier dafür, dass für die Gäste keine Wünsche offen bleiben. Die Stephan's Bar in der Lobby ist der richtige Ort für einen Drink oder ein Bier in gemütlicher Runde. Große Flexibilität im Angebot und kreative Professionalität zeichnen die Küche des Dolce aus. Dabei ist man in der Auswahl der Produkte konsequent und bezieht nur beste Ware, wie vom Ökoring, einem regionalen Öko-Großhandel.

Dolce Munich Unterschleißheim
Andreas-Danzer-Weg 1
85716 Unterschleißheim
☎ 0 89 / 3 70 53 00
www.dolcemunich.com

DOLCE

Im Kreislauf der lebendigen Vielfalt

Rote Bete Carpaccio

Das Rezept zur Spezialität des Hauses finden Sie auf Seite 84

Im Dachauer Moos, eine Niedermoorlandschaft zwischen Dachau und Oberschleißheim, liegt der Obergrashof. Dieses Gebiet mit seinen ausgedehnten Grasflächen war schon immer der Kraut- und Gemüsegarten Münchens.

Im Jahr 2011 feierte der Obergrashof sein 20-jähriges Bestehen und schaute auf einen Weg zurück, der nicht ohne Stolpersteine war, aber ständig voranging. 1991 begann Florian Zabhauser mit zwei Mitstreitern auf fünf Hektar Land den biodynamischen Gartenbaubetrieb aufzubauen, den 1992 Julian Jacobs übernahm. Heute umfasst der Betrieb 115 Hektar, auf dem bis zu 60 Menschen arbeiten. Seit 1999 führen Jacobs und Peter Stinshoff, seit 1993 auf dem Obergrashof, zusammen das Unternehmen. Zum festen Personal gehören neben einer Gärtnermeisterin und einem Gärtnermeister noch ein Gartenbauingenieur und vier ausgebildete Gärtner. Dazu kommen sechs bis acht Auszubildende und viele Hilfskräfte.

Der Obergrashof arbeitet nach Demeter-Richtlinien und betreibt damit die konsequenteste Form des ökologischen Landbaus, die auch nichtstoffliche und kosmische Bildekräfte nach Lehren Rudolf Steiners einschließt. „Das Alte wertschätzen, zu Neuem weiterentwickeln und in den Wirtschaftsbetrieb integrieren" – so lautet die Firmenphilosophie. Nachhaltigkeit ist das oberste Gebot allen Tuns, was die Mitarbeiter immer wieder vor neue Herausforderungen stellt. Peter Stinshoff: „Ökologischer Landbau und im Speziellen die biodynamische Agrarkultur wird nicht als fertige Methode verstanden, sondern als ein lebendiger Prozess, als eine kontinuierliche gemeinsame Weiterentwicklung im Zusammenspiel von Boden, Pflanzen, Tieren, Menschen." Ein Prinzip heißt Biodiversität und bedeutet eine bunte Vielfalt von Pflanzenarten, Tieren, aber auch von Arbeitsbereichen, denn nur in der Vielfalt können sich robuste, wenig stör-

anfällige Kreisläufe herausbilden. Das ist das genaue Gegenteil von Spezialisierung. Für sein erfolgreiches ganzheitliches Konzept wurde der Obergrashof 2010 vom Demeter-Verband mit dem „Land Wirtschaft Kulturpreis" ausgezeichnet. Auf den Feldern des Hofs wachsen gut 100 Sorten Feld- und Feingemüse. Salat, Fenchel, Karotten, Blumenkohl, Kohlrabi, der echte „Münchner Bier-Radi", Spinat, Radieschen, Broccoli ... alles, was die heimische Natur an gesunder Kost bietet, wird hier angebaut.

Mit Leidenschaft widmet sich Julian Jacobs der biodynamischen Züchtung und Vermehrung samenfester Gemüsesorten, die sich vor allem durch einen vollen Geschmack und gute Bekömmlichkeit auszeichnen, in zweiter Linie erst durch hohe Erträge. Ebenso entwickelt er das Saatgut für diese vermehrungsfähigen Sorten und arbeitet dabei eng mit der Bingenheimer Saatgut AG zusammen. Damit steht sein Engagement dem Trend entgegen, nach dem in der Agrarwirtschaft fast nur noch Hybridsaatgut großer Hersteller verwendet wird. Der Weg bis zur Zulassung einer neuen Sorte durch das Bundessortenamt ist sehr langwierig, manchmal auch eine wahre Odyssee. Führen die geduldigen Zuchtversuche zu einem glücklichen Ende, kann eine neue Kreation auf den Markt gebracht werden, so wie die Blumenkohlsorte namens „Odysseus".

Das Gelände des Obergrashofs ist eine Augenweide. Vor den Gewächshäusern und an den Feldrainen wächst eine bunte Pracht von Blumen und Wiesenkräutern. Das erfreut das Gemüt und ist zudem auch nützlich, denn so werden viele Insekten angelockt, die den Schädlingsdruck vermindern. Bienen finden hier viel Nahrung, was für den Demeter-Imker eine reiche Honigausbeute bedeutet.

Seit 1996 werden schöne, bunt gefleckte Murnau Werdenfelser Rinder gehalten. Sie zählen zu den letzten dieser alten, fast ausgestorbenen Rasse. Die Gruppe von anfänglich fünf Rindern ist inzwischen zu einer stattlichen 70-köpfigen Mutterkuhherde herangewachsen. Die Hörner tragenden Kühe sind ein wichtiges Glied im Kreislauf eines biodynamischen Landbaubetriebs, liefern sie doch – ganz nebenbei – den Mist für den Kompostdünger und die biodynamischen Präparate. Zum Tierbestand gehört auch eine kleine Milchschafherde. Aus der Schafsmilch stellt Barbara Ribitsch Feta, Joghurt, Frischkäse oder köstlichen Mozzarella her. Die frischen Produkte werden direkt im Hofladen verkauft, der freitags und samstags geöffnet ist und natürlich alle erntefrischen Erzeugnisse des Obergrashofs bereithält. Hauptsächlich werden die Feldfrüchte, jährlich etwa 500 Tonnen Feingemüse, über den regionalen Öko-Großhandel oder das Bio-Handelsunternehmen „tegut…" vertrieben. Dazu werden noch etwa 8 000 Ökokisten-Abokunden beliefert.

Auf dem Obergrashof ist eine Welt für sich gewachsen, aber keine geschlossene Gesellschaft. Mit einem vielseitigen landwirtschaftlich orientierten Bildungskonzept sollen, gerade hier in Großstadtnähe, Natur und Landbau für viele erfahrbar werden. Das fängt im Waldorf-Bauernhofkindergarten auf dem Obergrashof-Gelände an, wo die Kleinen ganz selbstverständlich mit der Natur vertraut werden, es geht weiter über Angebote für Schulen, etwa mit einem regulären Praktikum für Waldorfschüler. In Weiterbildungsseminaren und Foren, in Praktika für Studenten und in der Lehrlingsausbildung wird das umfangreiche Wissen weitergegeben. Und natürlich lernt man bei den Hoffesten das Leben auf dem Obergrashof in seiner angenehmsten Art kennen.

Obergrashof
Obergrashof 1
85221 Dachau
☎ 0 81 31 / 2 00 11

INRI

Fürstenfelder

Ein Stück vom Garten Eden

Hirschrücken mit Holunder, Apfelblaukraut und Semmelknödel

Das Rezept zur Spezialität des Hauses finden Sie auf Seite 85

Die ehemaligen Zisterzienserabtei Fürstenfeld mit ihrer barocken Kirche bietet die großartige Kulisse für den Fürstenfelder. Zum Betrieb, heute eine renommierte Marke in der Gastronomie, gehören nicht nur Restaurant und Biergarten, sondern auch der gastronomische Service für das Veranstaltungsforum, für die modern ausgestatteten Tagungsräume und für Festivitäten in der historischen Tenne. Fürstenfelder heißt ebenso das exklusive, 2008 eröffnete Viersternehotel.

Im Restaurant mit seinen schönen Kappengewölben oder auf der Sommerterrasse lässt sich fürstlich und dazu noch gesund speisen. Der Fürstenfelder hat sich mit seiner exzellenten Küche, in der bereits seit 2003 Bioland-Produkte verarbeitet werden, einen Namen gemacht. Philipp Wimmer kochte einst im Bayerischen Hof in München und ist heute Chef des zwölfköpfigen Küchenteams. Der Salzburger kreiert eine moderne alpenländische Küche, leicht und interessant, die jedem noch so verwöhnten Gaumen schmeichelt. Die Jahreszeiten und das regionale Produktangebot bestimmen die Speisekarte. So kommen Spargel, Bärlauch, Holunderblüten und Erdbeeren selbstverständlich im Frühjahr zum Zuge, während im Herbst Wildsaison ist, bevor knusprige Gänse- und Entenbraten den Winter schmackhaft machen. Nachspeisen wie Marillenknödel, Salzburger Nockerln oder Palatschinken entführen in den österreichischen Schlemmerhimmel.

Mit der ersten Frühlingssonne ist der Biergarten unter der alten Kastanie das Ausflugsziel. Wer nicht auf seine mitgebrachte Brotzeit besteht, findet an der Selbstbedienungstheke deftige Schmankerln, frische Salate, Biosäfte und natürlich ein gutes Bier. Auf der weiten Rasenfläche am Amperkanal kann man entspannt in den Tag träumen, während sich die Kinder im Spielplatz-Gärtchen nach Herzens Lust austoben. Den Abend lässt man in der neuen Lounge bei einem guten Drink und ebenso guter Musik mit berauschend schönem Blick zur Klosterkirche ausklingen. Bei solch barockem Genuss, bei Speis und Trank – dazu noch bio – merkt man, dass es der Herrgott gut mit einem meint. Was will man eigentlich mehr?

Fürstenfelder
Gastronomie und Hotel GmbH
Fürstenfeld 15
82256 Fürstenfeldbruck
☎ 0 81 41 / 8 88 75-0
www.fuerstenfelder.com

KILKENNY
IRISH BEER

Das lebendige Wirtshaus im Herzen Germerings

Was ist ein Griabiger? Griabig ist Bayerisch und heißt auf Hochdeutsch gemütlich, und ein Griabiger ist demnach ein von Grund auf gemütlicher, friedfertiger Mensch, jemand, der sich gern bei einem Bier niederlässt, um über dies oder das zu reden oder nur in Ruhe vor sich hin sinnieret. Einen Platz für Griabige gibt es auch in Germering, einer schnell gewachsenen Retortenstadt vor den Toren Münchens, wo sich all das neu Entstandene noch zusammenraufen muss. Man findet ihn mitten im neuen Zentrum gegenüber der Stadthalle an einer belebten Straßenkreuzung. Zum Griabig'n heißt das Ecklokal mit Freisitzen und es ist gerade recht, um im Trubel des Tages bei einem Espresso oder einem Bier zu verschnaufen oder sich in der Mittagspause mit einem Tagesmenü zu stärken, um zu sehen und gesehen zu werden. Man verabredet sich zum Kaffeetrinken, kommt zum Essen oder lässt den Abend nach einem Kino- oder Konzertbesuch in der Stadthalle ausklingen. Am Wochenende gibt es bis in den frühen Nachmittag Frühstück. Je nach Tageszeit und Gelegenheit – an dieser Ecke ist man immer willkommen, findet ein Stück bayerischer Gastlichkeit und Geselligkeit und natürlich die Schafkopf- und Wattspieler an ihren Stammtischen.

Die Küche des Griabig'n ist ein Geheimtipp, aber schon lange kein Geheimnis mehr und wurde 2010 im Wettbewerb Bayerische Küche ausgezeichnet. Das spricht vor allem dafür, dass hier gute bayerische Kochtradition gepflegt und mit ökologisch produzierten heimischen Lebensmitteln gearbeitet wird. Das Logo „Unser Land" bekundet, dass das Wirtshaus Mitglied des regional ökologischen Netzwerks ist. Griabig werden auch die Fleischgerichte zubereitet. Im Niedrigtemperaturofen garen sie bei 84 Grad mitunter 12 bis 14 Stunden lang, sodass der Braten wunderbar saftig bleibt und sein natürliches Aroma voll entfaltet. Typisch bayerisch ist die Karte, und wenn es Verständigungsschwierigkeiten geben sollte, zum Beispiel wenn man nicht weiß, was sich hinter Griabig's Schäuferl, Himmeschmeckerl, einer der Laufvogel- oder Stoalupferplatt'n verbirgt, übersetzt das freundliche Personal gern.

Griabig's Schäuferl

Das Rezept zur Spezialität des Hauses finden Sie auf Seite 85

Zum Griabig'n
Das lebendige Wirtshaus
im Herzen Germerings
Untere Bahnhofstraße 38a
8210 Germering
☎ 0 89 / 84 05 08 40
www.zumgriabign.de

Gasthof Hartl
„Zum Unterwirt"

Bayerische Tradition trifft moderne Kochkunst

Lachsforelle auf Kartoffel-Hüttnkäs-Maultascherl

Das Rezept zur Spezialität des Hauses finden Sie auf Seite 86

Josef Hartl, Juniorchef des bereits in fünfter Generation geführten Unterwirts kocht spektakulär gut: jung, frisch und dabei absolut bodenständig. Die Zubereitungen sind einfach und prägnant, ohne Schnickschnack, setzen aber gern überraschende kulinarische Akzente – ob saisonale Menüs, deftige Schmorbraten, Fischgerichte, Variationen frischer Salate oder einfache Tagesgerichte für 4,90 Euro. In seine Küche kommen nur frische Produkte von ausgezeichneter Qualität und möglichst direkt aus der Region, wie vom Fischzüchter gleich aus dem Dorf.

Schon von Kindesbeinen an hat Josef Hartl interessiert in die Kochtöpfe im elterlichen Gasthof geschaut, bevor er seine Ausbildung in einem Restaurant im feinen Grünwald begann, danach in mehreren Spitzenrestaurants im In- und Ausland arbeitete und sich 2006 zum Küchenmeister qualifizierte. Als Jungkoch räumte er bei Wettbewerben regelmäßig Preise ab, so auch mit der Jugendnationalmannschaft der Köche Deutschlands auf internationaler Ebene, und noch immer reizt ihn sportlicher Ehrgeiz zum Wettbewerb unter den Besten seines Fachs.

Im Unterwirt wird gern gefeiert. Dafür wurde der Gasthof immer wieder ausgebaut und erweitert, etwa um die geräumige Josef-Stub'n, in der bis zu 100 Personen dinieren können. Der Festsaal wird auch für Tanz- und Kulturveranstaltungen, Versammlungen und Seminare genutzt und bietet 250 Personen Platz. Im Innenhof gibt's einen schönen Biergarten mit Kinderspielecke. Der Unterwirt ist eine beliebte Hochzeits-Location, wo die Gäste – es können schon mal über 200 sein – mit einem vorzüglichen Festmahl verwöhnt werden. Bei solchen Großeinsätzen steht neben der fest angestellten Crew und dem Kochlehrling die ganze Familie parat und sorgt routiniert für einen reibungslosen Ablauf zwischen der Küche und den Tischen der Gäste. Nach Hause fahren muss niemand, denn es gibt ja auch noch 17 moderne Gästezimmer.

Gasthof Hartl
„Zum Unterwirt"
Josef Hartl & Sohn GbR
Duringstraße 5
82299 Türkenfeld
☎ 0 81 93 / 99 95 17
www.gasthof-hartl.de

Zum Unterwirt

Hotel
Bräustüberl - Brauerei

... OPERATOR sei's genannt!

Wie oft rauscht man auf der Autobahn zwischen München und Augsburg an der Ausfahrt Odelzhausen vorbei, wobei der Blick kurz eine pastellfarbene Gebäudegruppe mit hohem Schornstein streift. „Aha, eine Brauerei" – mag man sich denken und beschließt, hier bei nächster Gelegenheit einmal hinzuschauen. Ein solcher Abstecher wird zum Schlossgut Odelzhausen führen und könnte zur guten Gewohnheit werden.

Das Schlossgut Odelzhausen samt Brauerei ist der Rest einer stattlichen Schlossanlage aus dem 11. Jahrhundert und gilt als Ort gepflegter Gastronomie und Hotellerie. Letztere bietet in drei Häusern – im 2009 neu erbauten Gutshotel, im Gutshaus und in dem kleinen Schlosshotel, das den einzig verbliebenen Seitentrakt des alten Schlosses und einen mittelalterlichen Wehrturm einschließt – Unterkunft für jeden Anlass. Hier finden sowohl Geschäftsleute auf der Durchreise komfortable Zimmer als auch Brautpaare die romantische Suite für die Hochzeitsnacht oder Kurzurlauber ihre persönliche Verwöhn-Oase.

Seit fast 100 Jahren befindet sich das Schlossgut Odelzhausen im Besitz der Familie Eser. Braumeister Hans Eser leitet die Odelzhauser Brauerei, kümmert sich zudem um die ausgedehnten Liegenschaften sowie die Land- und Forstwirtschaft des Guts. Gabi Eser verwaltet das Gutshotel und das Bräustüberl, plant alle Termine für Veranstaltungen und Feste, für Seminare und Tagungen, nimmt Reservierungen in den verschiedenen Räumlichkeiten, etwa im Schalander oder im Wintergarten entgegen. Sehr gern wird im Schlossgut Hochzeit gefeiert. Dafür verwandelt sich die alte Malztenne in einen stimmungsvollen Festsaal.

Die Schlossbrauerei Odelzhausen, heute eine der letzten Privatbrauereien in Oberbayern, besteht seit 1450. Ihre Bierspezialitäten schätzt man nicht nur im Dachauer Hinterland, sie machten bis in die Landeshauptstadt von sich reden. So wurde der dunkle Doppelbock 1963 zum Festtrunk bei der Wiedereröffnung des Münchner Nationaltheaters auserkoren und man dichtete: „Und der Festtrunk treuer Freunde auf das Haus, die Stadt, das Land:

Odelzhauser Brotzeitteller – Hirschschinken mit Frischkäse und Bierbratensulz

Das Rezept zur Spezialität des Hauses finden Sie auf Seite 86

schäumend Bier zum Angedenken – OPERATOR sei's genannt." So entstand der Name für das berühmte Starkbier aus OPER = (Staats-)Oper und -ATOR = Bezeichnung für Biere in Doppelbockqualität mit einer Stammwürze von mindestens 18 Prozent. Der OPERATOR hat sogar 19 Prozent und einen Alkoholgehalt von etwa 7,5 Prozent. Neben diesem Spezialbier, das es auch außerhalb der Starkbierzeit gibt, tragen auch das Odelzhauser Traditions hell und das Naturtrüb (hell und dunkel) als Markenzeichen das Sternei auf dem Etikett. Dieses verweist auf die „wunderseltsame" Gründungslegende des einstigen Klosters Taxa in unmittelbarer Nachbarschaft, die sich um ein Ei mit einem Sternenkranz dreht. Doch das ist wieder eine eigene Geschichte. Es gibt jede Menge Interessantes über die Schlossbrauerei und ihr Bier zu berichten, das man während einer Brauereibesichtigung erfahren kann. Dabei werden auch Einblicke in das Sudhaus und in die Tiefen der Bierkeller acht Meter unter der Erde gewährt.

Am besten schmeckt Odelzhauser Bier direkt vor Ort, frisch vom Fass, und das schon seit einem viertel Jahrtausend! 2011 feierte man den 250. Jahrestag der Verleihung des Schankrechts an die Schlosswirtschaft. Im urigen Bräustüberl oder in einem der anderen gemütlichen Räume vereinen sich Biergenuss und gute Kost zu einem besonderen kulinarischen Erlebnis. Die Spezialitätenkarte „Bier & Natur" offeriert zum guten Trunk und zu deftigen Speisen verschiedene bierige Delikatessen, wie Bierschaumsuppe, Bierbratensulz, Biersauerkraut, als Dessert kalten OPERATOR-Schaum mit einer Kugel Walnusseis und zum Abschluss 40-prozentigen Schlossgeist, zu 100 Prozent aus Odelzhauser Bier gebrannt. Neben der klassischen Karte mit gutbürgerlichen regionalen Gerichten sind vor allem die Odelzhauser Brotzeiten beliebt. Dazu gehören ne-

ben Wurst- und Käsespezialitäten, kaltem Braten und Sülzen auch der Hirschschinken aus eigener Herstellung und von Rotwild aus dem gutseigenen Gehege. Das Brot aus dem Steinbackofen des Hauses ist die beste Grundlage jeder Brotzeit.
Im Schlossgut kann man bei Irmi Rohfelder, geborene Eser, einiges lernen, und das mit Freude und Genuss. Die Küchenmeisterin und geprüfte ganzheitliche Ernährungsberaterin gibt mit ihrem interessanten Kursprogramm Anleitungen zu einer gesunden, ausgewogenen Ernährung und dazu auch zu sportlich aktiver Bewegung. So wird Schlemmen nicht zur Sünde. Zusammen mit Karin Greiner lädt sie jeden Monat zum „Küchen-Rendezvous" ein, bei dem sie die Zubereitung schmackhafter jahreszeitlicher Menüs demonstriert. Im Fokus steht eine natürliche, vollwertige Küche, der es nicht an Feinheiten und Raffinesse mangelt. Die Kursteilnehmer schauen dabei nicht nur zu, sondern lernen auch manch fachmännischen Handgriff und erfahren dabei viele Tipps und Tricks. Die dabei entstandenen Delikatessen werden von den Koch-Eleven genüsslich an fein eingedeckten Tischen im Schalander verzehrt. Karin Greiner ist Biologin und vielen als Gartenexpertin beim Bayerischen Rundfunk bekannt. Sie hat jede Menge über heimische Kräuter und andere Pflanzen und die ungeahnten Möglichkeiten für ihre Verwendung in der Küche

zu erzählen. Man kommt aus dem Staunen nicht heraus und wird, um viele Erkenntnisse reicher, enthusiastisch seine eigene Küche umkrempeln wollen. Doch bevor es soweit ist, kann man jederzeit die Autobahnausfahrt Odelzhausen nehmen und sich dem kulinarischen Genuss im Schlossgut hingeben.

Schlossgut Odelzhausen
Am Schlossberg 1
85235 Odelzhausen
☎ 0 81 34 / 99 87-0
www.schlossgut-odelzhausen.de

Schmetterlinge im Bauch

Farfallina's Patisserie und Spezialkonditorei

Johannisbeer-Baiser-Tarte

Das Rezept zur Spezialität des Hauses finden Sie auf Seite 87

Wagenhofen, ein Weiler im Glonntal bei Odelzhausen, überrascht mit dem kleinen und feinen Bistro Farfallina's, was soviel heißt wie „kleiner Schmetterling". Hier genießt man schon morgens eine der ausgefallenen Frühstücksvariationen, man schmeckt bei den täglich wechselnden Tagesgerichten ein Stück mediterrane Leichtigkeit und verfällt dem Genuss süßer Leckereien aus Konditorei und Patisserie. Aus der eigenen Backstube kommen stets frische Kuchen, Torten und Törtchen, Pralinen oder zarteste Macarons – einfach alles, wovon jede Naschkatze nur träumen kann. Freitags liegt zudem der Duft der frischgebackenen Brotvariationen in der Luft, hergestellt nach traditionellen Rezepten und ganz ohne Backmischungen. So muss das Schlaraffenland sein!

Hier begegnet einem eine tüchtige und sehr sympathische junge Chefin, die ihr Handwerk von der Pike auf in der renommierten Münchner Konditorei Kreutzkamm gelernt hat. Mit viel Begeisterung und dem nötigen Quäntchen Idealismus hat Yvonne Höhne vor knapp zehn Jahren den Schritt in die Selbstständigkeit gewagt. Heute ist ihre Patisserie ein Treffpunkt von Genießern aus nah und fern, und wer einmal den Weg in dieses Schlemmerparadies gefunden hat, kommt meist immer wieder hierher.

Viele der Backwaren werden zudem an feste Kunden – Cafés und Restaurants in München – geliefert, und wenn es zum Beispiel in einem der Münchner Museumscafés besonders köstliche Torten oder den besten Gugelhupf weit und breit gibt, könnte dahinter Farfallina's stecken ...

Der eine oder andere bestellt bei Farfallina's aus dem schier endlosen kulinarischen Repertoire im Rahmen eines exklusiven Caterings für besondere Veranstaltungen oder bucht das ganz Bistro für private Gesellschaften mit einem 4-Gänge-Menü. Nach individuellen Wünschen werden Torten für alle Gelegenheiten hergestellt. Die mehrstöckigen Hochzeitstorten oder die zauberhaften Geburtstagstorten sind Gaumen- und Augenschmaus mit so kunstvollen Garnierungen aus Marzipan und Zuckerwerk, die fast zu schön für ein kurzes Tortenleben scheinen.

Farfallina's Patisserie und Spezialkonditorei
Landstraße 4
85235 Wagenhofen
☎ 0 81 34 / 60 11
www.farfallinas.de

Ochsenbackerln mit Birnen-Bohnen-Gemüse

Altes Schulhaus in der Dachauer Kulturschranne, S. 52

Zutaten für 4 Personen

Ochsenbackerln *1 kg frische Ochsenbacken | 2 rote Zwiebeln | 1 Knoblauchzehe | 1 Karotte | ca. 150 g Sellerieknolle | 2 Rosmarinzweige | 2 Thymianzweige | 1–2 Lorbeerblätter | 1 Flasche guten Tafelrotwein | 200 ml Johannisbeersaft | Salz, Pfeffer*

Birnen-Bohnen-Gemüse *400 g Brechbohnen | 1 heimische Birne, gewürfelt | Gemüsebrühe | Butter | 20 g glatte Petersilie | Zucker | Salz, Pfeffer*

Zubereitung

Für die Marinade Zwiebeln, Knoblauch, Karotte und Sellerie in Stücke schneiden, zusammen mit den Kräutern und Lorbeer in den Rotwein geben. Die Ochsenbacken darin einlegen und mindestens 24 Stunden abgedeckt in den Kühlschrank stellen. Danach das Fleisch in der Marinade circa 4 Stunden bei 120 Grad im Backofen mit Umluft garen (bis sie weich sind), aus dem Fond herausnehmen und abkühlen lassen. Den Fond mit dem Johannisbeersaft mischen und langsam reduzieren, bis er dicklich ist, passieren und mit Salz und Pfeffer abschmecken.

Die Backen in circa 1 Zentimeter dicke Scheiben schneiden, in die Sauce geben und diese warmstellen.

Die geputzten Bohnen kurz salzen und zuckern und circa 5 Minuten ziehen lassen. Dann in Gemüsefond oder Wasser garen, Butter dazugeben und mit Salz und Pfeffer abschmecken. Zeitgleich die Birnenwürfel in etwas Butter anschwenken, mit den Bohnen und gehackter Petersilie mischen.

Zum Gericht passt Kartoffelpüree. Auf dem Teller in das Püree eine kleine Mulde drücken, etwas Sauce hineingeben und darauf die Ochsenbackerln legen. Das Birnen-Bohnen-Gemüse daneben anrichten und eventuell mit Sauce nappieren.

Freilandgockerl mit Knödelfüllung

Biolandhof Beim Müller, S. 55

Zutaten für 4 Personen

Freilandgockerl *1 Bio-Freilandgockerl (ca. 1,8 kg) | 2–4 frische Rosmarinzweige | Meer- oder Steinsalz, frisch gemahlener bunter Pfeffer | Geflügelgewürz | Saft 1 Zitrone | Olivenöl*

Füllung *3 altbackene Semmeln | 100 g Butter | 2 Schalotten | 1 Knoblauchzehe | 1 Bd. Petersilie, grob gehackt | etwas Liebstöckel und Dost (Oregano), fein gehackt | 60 g Pinienkerne oder Pistazien, geröstet | 2 Eier | 50–70 ml Milch | Muskatnuss, frisch gerieben | Meer- oder Steinsalz | Pfeffer*

Gemüsebett *3 Tomaten | 2 Karotten | ½ Sellerieknolle | 3 Schalotten 2–3 Lorbeerblätter | Rosmarinzweige | 1 Knoblauchzehe in der Schale | 2 EL Olivenöl | ¼–½ l Hühnerbrühe, am besten selbst gemacht*

Zubereitung

Für die Füllung die Semmeln in kleine Würfel schneiden und in Butter goldgelb braten. Zwei Schalotten und eine Knoblauchzehe schälen, fein würfeln und in Butter glasig dünsten. Kräuter, Kerne, Eier und Milch mischen und mit den Semmelwürfeln vermengen, mit Salz, Pfeffer und Muskat abschmecken.

Das Gockerl waschen und trocken tupfen. Von der Öffnung her vorsichtig die Haut vom Fleisch lösen und je Seite 1 bis 2 Rosmarinzweige dazwischen schieben, mit Salz und Pfeffer innen würzen, dann mit der Knödelmasse füllen. Die Öffnung mit Holzspießen schließen, danach die Haut mit Zitronensaft und Olivenöl einreiben, mit Geflügelgewürz, Salz und Pfeffer würzen. Backofen auf 200 Grad vorheizen.

Für das Gemüsebett die Tomaten blanchieren, häuten, vierteln und entkernen. Schalotten, Sellerie und Karotten schälen, putzen und klein schneiden. Das Gemüse mit einer ungeschälten Knoblauchzehe, Rosmarin und Lorbeer auf ein geöltes Backblech geben. Das Gockerl mit der Brust auf das Gemüsebett legen und bei maximal 200 Grad garen, nach circa 30 Minuten etwas Hühnerbrühe angießen, nach 1 ¾ Stunden auf einen Rost legen und weitere 30 Minuten goldbraun braten und mit der restlichen Butter (gern mit Paprika gemischt) bestreichen, mit Bratensaft begießen und die restliche Brühe dazugeben. Für eine knusprige Haut im Backofen kurz grillen.

Das Gockerl tranchieren, die Fülle herauslösen und in Scheiben geschnitten anrichten. Den Bratensaft dazureichen.

Hähnchenbrust mit Tagliatelle und Paprikasauce

Bentenrieder Hof, S. 56

Zutaten für 4 Personen

Hähnchenbrust *4 Hähnchenbrustfilets á 250 g* | *4 Scheiben geräuchertes Wammerl (Bauchspeck)* | *frische Rosmarinzweige* | *Salz* | *Pfeffer, frisch gemahlen* | *Olivenöl*

Nudeln *6 Nester Tagliatelle* | *Salz*

Paprikasauce *2 rote Paprikaschoten* | *1 kleine Knoblauchzehe, geschält* | *1 Zwiebel, gewürfelt* | *1 TL Tomatenmark* | *200 ml Hühner- oder Gemüsebrühe* | *Salz* | *Pfeffer, frisch gemahlen* | *1 Prise Zucker*

Zubereitung

Die Hähnchenbrustfilets trocken tupfen, leicht salzen, pfeffern und mit einer Scheibe Wammerl umwickeln. Die Filets in einer Pfanne im Olivenöl, dem die Rosmarinzweige beigegeben wurden, auf beiden Seiten anbraten, anschließend im Backofen bei 180 Grad etwa 15 bis 18 Minuten gar ziehen lassen.
In der Zwischenzeit die Tagliatelle in reichlich Salzwasser bissfest kochen.
Für die Sauce Paprika dünn häuten oder schälen und in kleine Würfel schneiden. Die Zwiebel in Olivenöl glasig dünsten, Paprika hinzugeben und andünsten, Tomatenmark einrühren und die Knoblauchzehe dazugeben. Mit Brühe aufgießen und circa 10 Minuten köcheln lassen. Zum Schluss mit Salz, Pfeffer und einer Prise Zucker abschmecken.
Die Tagliatelle mit Hähnchenbrustfilets, Paprikasauce und frischem Rosmarin anrichten.

Dinkelvollkorn-Quiche

Polz Bäckerei und Konditorei , S. 61

Zutaten für 4 Personen

Vollkornteig *300 g Dinkelvollkornmehl* | *150 g kalte Butter* | *5 g Backpulver* | *2 g Salz* | *1 Ei*

Belag *Je nach Geschmack und Jahreszeit verschiedenes Gemüse: Lauch, Karotten, Zucchini, Zwiebeln, Paprika, Brokkoli* | *250 g Schmand* | *100 ml Milch oder Sahne* | *20 g Stärkemehl* | *4 Eier* | *3 g Salz* | *Gewürze nach Belieben, beispielsweise Paprikapulver, Curry, geriebene Muskatnuss* | *geriebener Käse nach Geschmack zum Bestreuen* | *Salz, frisch gemahlener Pfeffer* | *Olivenöl zum Anbraten*

Zubereitung

Die kalte, zerkleinerte Butter, das Dinkelvollkornmehl, Backpulver, Salz, Ei und 80 Milliliter Wasser zu einem Teig kneten. Diesen abgedeckt im Kühlschrank etwa eine Stunde ruhen lassen.
Den Backofen auf 200 Grad vorheizen, eine Springform einfetten und mit Mehl ausschwenken. Den Teig auf etwa 4 bis 5 Millimeter ausrollen, in die Form geben, dabei einen Rand andrücken.
Für den Belag das gewaschene, geputzte Gemüse in Stücke schneiden, nach Geschmack würzen und in etwas Olivenöl kurz anbraten. Es muss bissfest bleiben.
Schmand, Milch, Stärkemehl, Salz und Eier verquirlen. Das Gemüse auf dem Teigboden verteilen, mit der Belagmasse übergießen und mit geriebenem Käse bestreuen. Im Backofen bei 200 Grad 35 bis 40 Minuten backen.

Fahrenzhausener Freilandhähnchen im Tandoori-Kokosmantel mit Sesamschaum, Mangold und Linsen

Dolce Munich Unterschleißheim, S. 62

Zutaten für 4 Personen

Hähnchen *4 Bio-Hähnchenbrüste | Tandoori-Gewürzmischung | 4 EL Kokosflocken | 8 EL Mis de pain | 2 Eier | Salz | Mehl zum Panieren | Butterschmalz*
Sauce *200 ml Weißwein | 400 ml kräftige Hühnerbrühe | 3 Champignons | 1 EL Sesamöl | 1 TL weißer Sesam, geröstet | je 50 ml Sahne und Milch | 2 Msp. Soja-Lecithin | ½ TL Speisestärke für die Bindung*
Gemüse *1 Staude Mangold (Tipp: bunter Mangold) | 2 Schalotten | Knoblauch nach Belieben | Butter | Muskat | Salz, Pfeffer*
Linsen *200 g Belugalinsen oder Rote Linsen | 50 g frischer Ingwer | 4 Schalotten | Knoblauch, nach Belieben | Speiseöl (neutral) | 500 ml Hühnerbrühe | ½ TL Kreuzkümmel | 50 g Nussbutter (gebräunte Butter) | Saft von 1 Limone | Salz*

Zubereitung

Die Gewürzmischung, Kokosflocken und Mis de pain mischen. Hähnchenbrüste salzen, mehlieren, durch das verquirlte Ei ziehen und damit panieren, danach in Butterschmalz beidseitig je 2 Minuten knusprig braten, aus dem Fett nehmen und im Ofen für 8 bis 10 Minuten bei 120 Grad fertig garen.
Für die Sauce den Weißwein auf ein Drittel einkochen. Brühe und in Scheiben geschnittene Champignons hinzugeben und alles noch einmal auf die Hälfte reduzieren. Sesamöl, Sesam, Milch, Sahne und Lecithin hinzugeben, aufkochen und mit Speisestärke binden. Durch ein feines Sieb geben und warmhalten, aber nicht mehr kochen.
Mangold in Streifen schneiden und etwa 1 Minute in kochendem Salzwasser blanchieren, in Eiswasser runterkühlen, abtropfen lassen. Schalotten und Knoblauch fein würfeln, in Butter schwenken, Mangold hinzugeben, mit Salz, Pfeffer und Muskat würzen.
Für das Linsengemüse Ingwer, Schalotten und Knoblauch fein würfeln und in etwas Öl anschwitzen. Belugalinsen hinzugeben. Hühnerbrühe aufgießen, aufkochen lassen und bei niedriger Temperatur garen, dabei immer wieder die Konsistenz testen. Wenn die Brühe von den Linsen absorbiert ist, Kreuzkümmel, Nussbutter und Limonensaft hinzugeben. Eventuell etwas salzen.
Alle Komponenten auf Tellern anrichten. Kurz vor dem Servieren die Sauce aufschäumen und darübergeben.

Rote Bete Carpaccio

Obergrashof, S. 65

Zutaten für 2 Personen

150 g gegarte Rote Bete | 2 EL Pistazien, gebrochen | 50 g Parmesan | 100 g Rucola | 4 EL Olivenöl | 1-2 EL Balsamicoessig | Salz | Schwarzer Pfeffer aus der Mühle

Zubereitung

Die gegarte Rote Bete in hauchdünne Scheiben hobeln. Auf einem Teller arrangieren, mit Pistazien bestreuen und gehobelten Parmesan darüberlegen, mit Rucola ausgarnieren. Das Ganze mit Olivenöl und Balsamico anrichten und mit Salz und Pfeffer abschmecken.

Hirschrücken mit Holunder, Apfelblaukraut und Semmelknödel

Fürstenfelder, S. 70

Zutaten für 4 Personen

Blaukraut und Sauce sollten bereits am Vortag vorbereitet werden.

Blaukraut *1 kg Blaukraut | 1 l Apfelsaft | 1 l Orangensaft | 2 Äpfel, fein gewürfelt | Kümmel | 1 Zimtstange | 30 g Butter | 1 Zwiebel, fein geschnitten | 100 g Zucker | 1 EL Preiselbeermarmelade | Salz, Pfeffer*

Sauce *500 g Wurzelgemüse | 2 Zwiebeln | 100 ml Öl | Hirschknochen, gehackt und Hirschparüren ca. 100 g | 1,5 l Rotwein | 1 cl Cassis | 1 EL Holundermarmelade | 1,5 l Wildfond | 1 Lorbeerblatt | Pfefferkörner | Salz, Pfeffer*

Semmelknödel *1 kg trockenes Weißbrot | 200 ml Milch | 1 Zwiebel | 10 g Petersilie, gehackt | 3 Eier | 10 g Butter | Salz, Pfeffer*

Braten *600 g Hirschrücken | 1 Thymianzweig | 20 g Butter | Salz, Pfeffer*

Zubereitung

Blaukraut in feine Streifen schneiden, mit Apfelwürfeln, Säften, Kümmel und Zimt vermengen, gut durchkneten und ziehen lassen. Am nächsten Tag die Zwiebel in zerlassener Butter glasig dünsten, Zucker zugeben und karamellisieren lassen. Danach das Kraut zugeben, gut durchrühren und zugedeckt circa 45 Minuten köcheln, mit Salz, Pfeffer und Marmelade abschmecken.

Für die Sauce Wurzelgemüse und Zwiebeln putzen und in etwa 1 Zentimeter große Stücke schneiden. Öl erhitzen, Knochen und Parüren darin anrösten, Gemüse zugeben und langsam mitrösten, mit Rotwein ablöschen und zur Hälfte einreduzieren, Cassis und Marmelade zugeben, mit Wildfond auffüllen und zum Kochen bringen; entstehenden Schaum abschöpfen. Sobald kein Schaum mehr hochkocht Lorbeer und Pfefferkörner zufügen und alles circa 5 Stunden köcheln lassen. Danach Sauce durch ein feines Sieb passieren, nochmals aufkochen und mit Salz und Pfeffer abschmecken.

Für die Knödel das Weißbrot würfeln, mit warmer Milch übergießen und gut durchziehen lassen. Zwiebel würfeln, in Butter andünsten, mit gehackter Petersilie zum Brot geben und durchmengen. Anschließend Eier zumischen und mit Salz und Pfeffer würzen. Die Knödel in gewünschter Größe formen und in leicht wallendem, gesalzenem Wasser circa 20 Minuten kochen.

Den Hirschrücken in Butter rundherum anbraten, salzen und pfeffern, Thymian dazulegen und im Rohr circa 10 Minuten bei 150 Grad rosa braten.

Griabig's Schäuferl

Zum Griabig'n, S. 73

Zutaten für 4 Personen

4 vom Metzger zugeschnittene Portionen Schäuferl | 2 Stangen Lauch | 2 Sellerieknollen | 6 Karotten | 2 große weiße Metzgerzwiebeln | 1 Bd. Petersilie | 1 Knoblauchknolle | 1 EL Kümmel | 1 l Fleischbrühe | 1 EL Stärkemehl | 1 Maß dunkles Bier | Salz, Pfeffer | Butterschmalz zum Anbraten

Zubereitung

Lauch, Sellerie, Karotten und Zwiebeln in Stücke schneiden und in ein Reindl (Bräter) geben. Den Knoblauch andrücken und ebenso wie die geschnittene Petersilie dazugeben. Die Schäuferl mit Salz, Pfeffer und Kümmel würzen und von allen Seiten in Butterschmalz gut anbraten, danach auf das Gemüse legen. Jetzt das dunkle Bier erst einmal kosten, den Rest, etwa ⅓ Liter ins Reindl schütten, danach mit Fleischbrühe auffüllen, bis das Fleisch vollkommen bedeckt ist.

Das Reindl zugedeckt in ein auf 84 Grad vorgeheiztes Backrohr schieben und dort 12 bis 14 Stunden garen. Danach die Schäuferl herausnehmen, die Sauce durch ein Haarsieb passieren und mit etwas Stärkemehl binden.

Dazu werden Semmelknödel und/oder Sauerkraut gereicht.

Lachsforelle auf Kartoffel-Hüttnkäs-Maultascherl

Gasthof Hartl „Zum Unterwirt“, S. 74

Zutaten für 4 Personen

Nudelteig *100 g Mehl* | *1 Ei, verquirlt* | *10 g Olivenöl* | *10 g Milch*

Maultaschenfüllung *200 g gekochte, geschälte Kartoffeln, grob zerkleinert* | *50 g Schwammerl, gebraten* | *50 g Zwiebeln, gedünstet* | *3 EL Hüttenkäse* | *Meersalz* | *je 1 Msp. Chili, Oregano, Thymian, Muskat, Kreuzkümmel* | *1 Ei* | *Semmelbrösel* | *Butter* | *Salbei*

Fisch *1 filetierte Lachsforelle* | *Meersalz* | *Öl zum Anbraten*

Zubereitung

Für den Teig alle Zutaten (bis auf das Ei) gut verkneten und mindestens eine Stunde kühl stellen. Für die Füllung Kartoffeln, Schwammerl, Zwiebel und Hüttenkäse vermengen (die Struktur der Kartoffelstückchen bleibt). Mit Semmelbrösel binden, damit die Masse nicht zu feucht ist, mit den Gewürzen abschmecken und in einen Spritzbeutel füllen.

Den Nudelteig dünn ausrollen und mit verquirltem Ei bestreichen. Mit dem Spritzbeutel die Masse in einem Zug aufspritzen, den Nudelteig zu einer Rolle einschlagen. Einzelne Abschnitte behutsam mit dem Handrücken abdrücken und mit einem Tellerrand schneiden, in kochendem Salzwasser etwa 5 Minuten kochen, herausnehmen, abtropfen lassen und in der aufgeschäumten Butter mit Salbei langsam anbräunen.

Die Forellenfilets mit Meersalz würzen und in Pflanzenöl auf der Haut gar braten, dann auf den Maultascherln schön anrichten.

Dazu kann man am besten einen Salat reichen.

Odelzhauser Brotzeitteller – Hirschschinken mit Frischkäse und Bierbratensulz

Schlossgut Odelzhausen, S. 77

Zutaten für 4 Personen

Verfeinerter Frischkäse *500 g Frischkäse, natur* | *1 kleine Zwiebel, fein gewürfelt* | *etwas Essigstand (je nach Konsistenz)* | *1 Spritzer Balsamico* | *½ TL Salz-Pfeffer-Mischung* | *½ EL Fruchtzucker (gestrichen)* | *1 Knoblauchzehe, gepresst* | *1 EL Schnittlauch, geschnitten*

Beilagen *Hirschschinken* | *Bierbratensulz* | *Meerrettich, frisch geschabt* | *Zwiebelringe* | *Holzofenbrot aus Natursauerteig*

Zubereitung

Die Zutaten für den Frischkäse gut vermengen und abschmecken. Hirschschinken in dünne Scheiben schneiden und vom Frischkäse eine Nocke abstechen, zusammen mit einer Scheibe von der Bierbratensulz auf dem Teller anrichten, frisch geschabten Meerrettich dazugeben, Zwiebelringe als Garnitur und mit frisch geschnittenem Holzofenbrot servieren.

Johannisbeer-Baiser-Tarte

Farfallina's Patisserie und Spezialkonditorei, S. 81

Zutaten für 1 Torte

350 g Mürbeteig | Biskuitboden | 2–3 EL Johannisbeerkonfitüre | 1 kg Johannisbeeren, TK, aufgetaut und abgetropft, Saft davon auffangen oder 600 g frische Johannisbeeren und 400 ml Johannisbeersaft | 200 g Zucker | 60 g Puddingpulver oder Weizenstärke | 250 g Eiweiß | 500 g Zucker

Zubereitung

Für den Boden eine vorgebackene Mürbeteigtarte mit Konfitüre bestreichen und einen circa 1 Zentimeter dicken Biskuitboden daraufsetzen.
Für den Belag 200 Gramm Zucker mit dem Johannisbeersaft aufkochen. Das Puddingpulver oder die Weizenstärke mit etwas Wasser verquirlen und in den kochenden Saft einrühren. Die Johannisbeeren unter den warmen Pudding rühren und gleichmäßig auf dem Biskuitboden verteilen.
Das Eiweiß mit dem Zucker warm bei circa 50 Grad (in einem Wasserbad oder auf kleiner Flamme) schlagen, bis der Zucker aufgelöst ist, danach so lange kalt schlagen bis das Eiweiß schön steif ist. Die Masse mit einer Sterntülle aufdressieren und im Backofen bei starker Oberhitze bei circa 220 Grad kurz abflämmen.

Hallertauer Korn und Hopfen

Hallertauer Hopfenblüte

Grünes Gold und königliches Gemüse

Ganz anders als die heimelige Idylle des Alpenvorlandes präsentiert sich die vergessene Schöne unter den oberbayerischen Landschaften: die Hallertau. Wälder, Wiesen, Felder und natürlich die unzähligen Hopfengärten überziehen die agrarisch geprägte hügelige Landschaft. Ländliches Leben in schönster Entfaltung ist in diesem touristisch noch kaum entdeckten Landstrich zu Hause. Es ist altes Bauernland, das sich zwischen Freising, Ingolstadt und Kehlheim erstreckt. Hier ist Bayern wohl bayerischer als irgendwo sonst, denn wo heute Hopfenstangen den Straßen bis zum Horizont folgen, war einst das Kernland der Wittelsbacher, denn inmitten der Hügel am Rande der Ilm erhob sich ursprünglich der Stammsitz der Grafen von Scheyern, aus denen der Uradel Bayerns, die Wittelsbacher hervorgingen.

Noch etwas weiter lassen sich die Anfänge des Hallertauer Hopfenanbaus zurückverfolgen. Sie reichen bis in die Zeit der Völkerwanderung im 8. Jahrhundert, als erstmals slawische Wenden die aus Asien stammende Lianenpflanze in der Region kultivierten. Damals wurde sie vorwiegend als Medizin benutzt, obwohl das Brauen von Bier schon den alten Babyloniern und Ägyptern bekannt war. Bis ins 16. Jahrhundert war das Biertrinken aber eine gefährliche Sache, denn windige Bierpanscher mischten allerlei wenig bekömmliche Ingredienzen wie giftige Kräuter, Wurzeln, Ruß, Pech oder Samen ins Bier um seine berauschende Wirkung zu verstärken. Erst 1516 wurde diesem Treiben in Bayern ein Ende gesetzt, als mit dem in Ingolstadt verkündeten Bayerischen Reinheitsgebot nur noch Wasser, Malz und Hopfen für den Biersud erlaubt waren. Später kam noch die Hefe hinzu, ohne die sich kein Bier brauen lässt.

Heute ist die Hallertau mit knapp 16 000 Hektar Fläche das größte geschlossene Hopfenanbaugebiet der Welt. Begonnen hat diese Hallertauer Erfolgsgeschichte im frühen 19. Jahrhundert, als sich die Hopfenkultur in der Region ausbreitete. Doch zunächst war der Hopfenanbau in der Gegend um Nürnberg konzentriert. Dies änderte sich kurz vor dem Ersten Weltkrieg, als die Hallertauer Bauern dank anbautechnischer Neuerungen den fränkischen Anbaugebieten den Rang abliefen. Während man nämlich in Franken weiterhin an langen Holzstangen anbaute, die Jahr für Jahr neu gesetzt und dann wieder entfernt werden mussten, hatten die Hallertauer die Idee, für die Hopfenranken die noch heute gebräuchlichen Drahtgerüste zu verwenden. Dennoch blieb der Hopfenanbau und besonders das Pflücken des bis zu sieben Meter hohen „Grünen Goldes" alles andere als ein Zuckerschlecken.

Da die Hopfenernte sehr arbeitsaufwändig war, strömten jedes Jahr im Spätsommer bis zu 200 000 sogenannte Hopfenbrocker jeden Alters und Geschlechts von überall her in die Holledau, um sich beim „Hopfazupfa" ein Zubrot zu verdienen. Nach zwei bis drei Wochen war die Ernte in mühseliger Handarbeit eingebracht. Dennoch konnten sich die Hopfenbauern am Ende eines langen Arbeitsjahres nie sicher sein, welche Preise sie für ihre Ernte erzielen konnten und ob das Geld übers Jahr reichen würde. Ende der 1950er-Jahre änderte sich die Situation dramatisch. Es gab nicht mehr genug Saisonarbeiter und die Bauern mussten die Ernte mechanisieren. Das bedeutete für viele das Aus. Andere schafften sich eiserne Hopfenzupfer an – damals die teuersten Landwirtschaftsmaschinen überhaupt –, die die Handarbeit übernahmen. Die fortschreitende Mechanisierung sorgte dafür, dass die Hallertau zum weltweit führenden Anbaugebiet aufstieg und gegenwärtig 30 000 Tonnen Hopfen pro Jahr produziert. Das ist ein gutes Drittel des Weltbedarfs und reicht für mehrere Milliarden Liter Bier. Da soviel nicht mal die Bayern trinken können, werden zwei Drittel des Hallertauer Hopfens in über 100 Länder exportiert. Das alles und etliches andere mehr erfährt man im futuristischen Gebäude des Deutschen Hopfenmuseums in der Hopfenmetropole Wolnzach.

Der Hopfen, der dem Bier sein ausgeprägtes Aroma und seine typische Bitterkeit verleiht, bestimmt die Landschaft der Hallertau auch optisch. Wer hier auf den Landstraßen unterwegs ist, hat zu jeder Jahreszeit ein Landschaftserlebnis der besonderen Art. Im Winter sind die mit Raureif überzogenen Hopfengerüste ein eigenartig unwirklicher Anblick. Im März und April sprießen dann die Wurzeltriebe im Dunkeln und kommen knackfrisch als Hallertauer Hopfenspargel auf den Tisch. Eine echte regionale Spezialität und geschätzte Delikatesse. Ende Mai hat sich der Hopfen dann zur Hälfte in die Höhe gerankt und kurz vor der Ernte Ende August steht er in voller Pracht, sodass die Hallertau wie ein tiefgrünes Meer anmutet. Es ist auch die Zeit der Hopfenfeste, bei denen Gäste immer willkommen sind.

Ganz anders zeigt sich die Landschaft im Schrobenhausener Land rings um das altbayerische Schrobenhausen. Hier bestimmen im Frühjahr das sandhelle Braun des Bodens und das silbrige Glänzen von Abdeckplanen das Bild. Es ist Spargelland. Der hier angebaute Spargel gehört neben dem aus der Gegend um Abensberg und Pörnbach zum Besten, was der bayerische Spargelbau zu bieten hat. Die Schrobenhausener waren in dieser Hinsicht zwar echte Spätzünder, denn erst kurz vor dem Ersten Weltkrieg kam das bleiche Edelgemüse in die Region nordöstlich von Augsburg. Seither ist der Spargelanbau – dem sandigen Boden sei

Europäisches Spargelmuseum, Schrobenhausen

Dank – eine echte Erfolgsstory. Und es war ausgerechnet ein „Zuagroaster" der hier den gewerbsmäßigen Spargelanbau begründete. 1912 kaufte sich der Mathematiker Christian Schadt aus Groß-Gerau ein noch heute existierendes Gut und züchtete dort Spargelpflanzen. Schon ein Jahr später begann er mit dem großflächigen Anbau des Luxusgemüses, das bereits den alten Griechen und Römern höchsten Genuss bereitete. Bis ins 19. Jahrhundert war das teure „königliche" Gemüse den Fürstenhäusern vorbehalten. Das änderte sich erst mit dem von Schadt begründeten feldmäßigen Anbau. In den 1920er-Jahren kamen immer mehr Großbauern hinzu und bald wurde die Edelpflanze für jeden erschwinglich. Heute zählt die Schrobenhausener Gegend rund 600 Spargelbauern und das „essbare Elfenbein" ist, trotz intensiver Handarbeit, vergleichsweise preisgünstig und jeder kann es mit allen Sinnen genießen.

Hallertauer Hopfen

zum Bauern Bräu

Lange Tradition, neues Gewand

Altstadthotel Schrobenhausen Bauern-Bräu

Schrobenhausen ist eine Station des Jakobsweges nach Santiago de Compostela. Jedes Frühjahr trifft ein besonderer Pilgerstrom in der Stadt ein – es sind Genießer des Schrobenhausener Spargels. Zu dieser Zeit herrscht auch im Altstadthotel Schrobenhausen am südöstlichen Rand der Altstadt Hochbetrieb. Auf der Speisekarte stehen dann alle erdenklichen Gerichte mit dem Edelgemüse: für Puristen Spargel Natur, weiterhin Spargel zu Lachs, Schweinefilet oder Schnitzel und so weiter. Wer schon alles kennt, wählt die Spargelüberraschung mit fünf verschiedenen Zubereitungen. Spezielle Arrangements bieten ein opulentes Spargelmenü mit einer Übernachtung in einem der 22 komfortablen, schönen Hotelzimmer des Altstadthotels an.

Es gibt aber auch ein Leben vor und nach der Spargelsaison. Man kommt jederzeit gern ins Bauern-Bräu, dessen Küche sich als feinbürgerlich und betont bayerisch vorstellt. Stolz verweist man darauf, dass alle Komponenten, von den Saucen und Suppen über die Nudeln bis zu den köstlichen Nachspeisen, selbst zubereitet werden. Die Klassiker der Karte, etwa der knusprige Schweinsbraten oder der deftige Braumeisterspieß, finden ebenso Anklang wie die frischen Tagesmenüs. Das Küchenteam stellt zudem sein ganzes Können während der kulinarischen Wochen unter Beweis, wenn verschiedene Länderküchen oder saisonale heimische Gerichte im Mittelpunkt stehen.

Das Bauern-Bräu, das 2009/2010 umfassend renoviert wurde, ist ein beliebter Treffpunkt, ein Ort, wo man sich einfach wohlfühlt. Die geschmackvolle Einrichtung der drei Stuben zeigt dezente Eleganz. Mit Liebe zum Detail und einem verschmitzten Augenzwinkern wird auf bayerische Tradition verwiesen, wie zum Beispiel mit den Jagdtrophäen im Jägerstüberl.

In diesem traditionsreichen Gasthaus, das von 1388 bis 1992 eine von ehemals 12 Braustätten in Schrobenhausen war, werden heute gute Münchener Biere und exzellente Weißbiere aus dem Altmühltal ausgeschenkt. Der Biergarten hinter dem Haus grenzt an die historische Stadtmauer mit einem mittelalterlichen Türmchen. Hier findet man ein idyllisches Refugium, das auch Kinder wegen des Spielplatzes lieben.

Schweinefilet mit Spargel und Sauce hollandaise

Das Rezept zur Spezialität des Hauses finden Sie auf Seite 114

Altstadthotel Schrobenhausen
Bauern-Bräu GmbH & Co. KG
In der Lachen 2
86529 Schrobenhausen
☎ 0 82 52 / 8 81 20-0
www.altstadthotel-schrobenhausen.com

Spargelhof Tyroller

Das königliche Gemüse von der Aumühle

Spargel-Schinken-Röllchen, überbacken

Das Rezept zur Spezialität des Hauses finden Sie auf Seite 114

Zwischen Wald und Feldern liegt der Spargelhof Tyroller, ein idyllischer, auch ein wenig mystischer Ort. Hier, in der Paar-Aue wurde vom frühen Mittelalter bis zum Beginn des 20. Jahrhunderts eine Mühle betrieben, woher der Name Aumühle stammt.

Ursula und Johann Tyroller produzieren auf sechs ihrer 80 Hektar Ackerfläche Spargel, hauptsächlich den begehrten weißen Bleichspargel. Der Hof ist ein eher kleinerer Betrieb, bei dem aber Qualität absolut vor Quantität steht. Nach Grundsätzen integriert kontrollierter Spargelproduktion werden die feinsandigen Böden schonend und ökologisch nachhaltig behandelt. Sie sind ein besonderes Kapital und Garant für den berühmten nussig milden Geschmack des Schrobenhausener Spargels, dessen Name eine geschützte Marke ist. Zum Kapital des Betriebs gehören ebenso Erfahrung, ein feines Gespür für die Eigenheiten der Pflanzen sowie großes Organisationstalent.

Spargel beschäftigt die Tyrollers über das ganze Jahr, wobei zu ihrem Betrieb noch Rinder und der Anbau von Getreide, Mais und Kartoffeln – die übrigens hervorragend auf den Sandböden gedeihen – gehören. Die alle Kräfte fordernde Spargelsaison

beginnt im März. Mittels spezieller Folientechnik kann die Ernte dieses ersten Frühlingsgemüses, ungeduldig von vielen Genießern erwartet, verfrüht werden. Schon über Jahre unterstützen zehn treue Saisonarbeiter die Familie. Vom frühen Morgen bis zum Abend wird dann Spargel gestochen. Die Spargelstangen werden auf dem Hof gewaschen, geschnitten, nach Güteklassen sortiert, manche auch geschält, verpackt und bis zum Abtransport gekühlt. Der Chef steigt schon früh um fünf in sein Auto und beliefert Restaurants, Händler und Spargelstände, fährt bis Murnau und Rosenheim. Am 24. Juni, am Johannitag endet die Erntezeit. Nun dürfen die Pflanzen frei ins Kraut schießen und sich erholen. Die Arbeit auf den Feldern geht indes weiter.

Spargelanbau ist harte Arbeit und Leidenschaft, von der die ganze Familie erfasst ist. Tochter Stefanie, die 2001 zur Spargelkönigin gekürt wurde, betreibt inzwischen mit Ihrem Ehemann Alexander Kornreiter einen eigenen Spargelhof, den Leinfelderhof – natürlich in Schrobenhausen.

Spargelhof Tyroller
Aumühle
86529 Schrobenhausen/Mühlried
☎ 0 82 52 / 79 17
www.tyroller-aumuehle.de

Vier Sterne an der Ilm

Hotel Moosburger Hof

Bereits beim Betreten der freundlichen Lobby des Moosburger Hofs ist man gut aufgehoben. Das Ambiente ist modern mit ganz eigener Handschrift. Ein sympathisches Rot setzt klare, angenehme Akzente und helles Licht durchflutet den Raum. Man fühlt sich auf Anhieb wohl. Und so soll es nach dem Willen der Gastgeber auch sein. „Wir wollen dem Reisenden ein zu Hause für unterwegs geben", so ihr anspruchsvolles Credo.

Das 4-Sterne-Haus im Zentrum von Pfaffenhofen besticht vor allem durch eins: hohe Qualität. Im Mittelpunkt steht hier ohne Zweifel der Gast mit all seinen Bedürfnissen, denn die Gastgeber sehen ihr Hotel als Ort des Wohlbefindens, der alles bietet, was der Mensch braucht: Essen, Trinken, Schlafen und natürlich auch Kommunikation.

Für kulinarische Genüsse sorgen gleich zwei Lokale unter dem Dach des Hotels. Da ist das mit vielen Kunstwerken ausgestattete Bistro „Kunstwinkel", welches kleine aber feine saisonale Gerichte zum Mittag- sowie zum Abendessen bietet. Kulinarischer Mittelpunkt des Hauses ist aber „Tweer's Restaurant", wo der Koch aus Leidenschaft, Sven Tweer, mit seinem Team erlesene Speisen soweit als möglich mit regionalen Produkten zubereitet. Convenience-Produkte sind ein absolutes No-Go. Tatkräftig unterstützt wird der als Eurotoque zertifizierte Maître von seiner Frau Anke, einer gelernten Köchin und Hotelkauffrau. Im Mittelpunkt steht eine Küche aus natürlichen frischen Zutaten, die weder traditionell regional noch ausgesprochen international ausgerichtet ist. Vielmehr ist es ein raffiniertes Spiel mit asiatischen, mediterranen oder afrikanischen Elementen, die aus einem persönlichen Bauchgefühl heraus, in „Svens Bauchküche" zu eigenen Kreationen werden, was das Kochen für Sven Tweer erst richtig spannend und gleichsam zu einer hohen Kunst macht.

Immer wieder spürt man, wie hoch er die Latte in seinem Metier legt und wie Kochkunst – die Betonung liegt hier auf Kunst – und Kochehre bei Sven Tweer Hand in Hand gehen. Und wer ganz genau wissen will, was die Mannschaft in der Küche treibt, kann über die Website des Moosburger Hofs via Webcam und „Topfgucker TV" dem Team live über die Schulter sehen und vielleicht das eine oder andere kulinarische Geheimnis für sich lüften.

Kalbsfiletmedaillon mit Ingwerjus, Wokgemüse und Sushi-Reis

Das Rezept zur Spezialität des Hauses finden Sie auf Seite 115

Hotel Moosburger Hof
Moosburger Straße 3
85276 Pfaffenhofen a. d. Ilm
☎ 0 84 41 / 27 70 08-0
www.hotel-moosburgerhof.de

Bier aus dem Hopfenland

Bavariator-Mascarpone-törtchen auf Rumkirschen

Das Rezept zur Spezialität des Hauses finden Sie auf Seite 115

Wo anders als im Herzen des größten Hopfenanbaugebiets der Welt hat die Brautradition eine so lange Geschichte. Und wo anders wird das Braugewerbe so hochgehalten als in der Hallertau. Hier hat auch die Brauerei Müllerbräu ihren Stammsitz. Und das schon seit 350 Jahren, denn so lange reicht die Historie dieses alteingesessenen Brauhauses zurück. Begonnen hat alles am Hauptplatz von Pfaffenhofen, wo die Brauerei bis heute das Bild der Stadt prägt. Inzwischen ist jedoch aus der einstigen „Braubehausung" und späteren Hausbrauerei, deren Name auf den Pfaffenhofener Müllermeister aus der Zeit um 1770 zurückgeht, ein gut aufgestellter, moderner Brauereibetrieb geworden. Dennoch ist das jahrhundertealte Wissen um die hohe Kunst des Brauens nicht verloren gegangen, wie Brauereichef Fritz Müller betont.

Herzstück und wohl auch Seele der über die Grenzen der Hallertau bekannten Privatbrauerei ist das schon von außen weithin sichtbare Sudhaus mit den beiden imposanten kupferfarbenen Sudpfannen. Unter der Leitung des Braumeisters Kurt Wohlrath entsteht hier die Grundlage für die ober- und untergärigen Biere, für die nach dem berühmten bayerischen Reinheitsgebot ausschließlich beste Rohstoffe zum Einsatz kommen.

Obwohl Hopfenextrakt erheblich billiger zu haben wäre, leistet sich das Pfaffenhofener Brauhaus den Luxus einer eigenen Hopfenproduktion, die von

dem Hopfenbauern Konrad Siebler nach den Methoden des integrierten Landbaus betrieben wird. Dieser Aromahopfen, bestes Malz und hochwertiges Brauwasser bilden die Grundlage für die beachtliche Palette vielfach prämierter Biere, von deren Qualität man sich auch bei einer Brauereibesichtigung unter Führung des Braumeisters überzeugen kann. Alkoholfreie Erfrischungen aus eigener Produktion runden das Angebot ab.

Besonders stolz sind Brauereichef Fritz Müller und Juniorchef Manuel auch darauf, dass ihre Brauerei derzeit die erste und einzige in Deutschland ist, die fast den gesamten Energiebedarf aus erneuerbaren Energiequellen deckt und im übertragenen Sinne die rot-blaue Mühle, die das Wappen der Brauerei Müller ist, am Laufen hält.

Müllerbräu GmbH & Co. KG
Hauptplatz 36
85276 Pfaffenhofen a. d. Ilm
☎ 0 84 41 / 78 55-0
www.muellerbraeu.com

Hotel Müllerbräu
Pfaffenhofen

White Pass
Müllerbräu

Genießen vor historischer Kulisse

Hotel Müllerbräu

Das sich im Hopfenland Hallertau kulinarisch einiges ums Bier dreht wird kaum verwundern. Auch das Hotel Müllerbräu in Pfaffenhofen an der Ilm macht da keine Ausnahme, denn es ist samt Gasthof eng mit einer der ältesten Brauerein der Region, der Brauerei Müller, verbunden. Deren Bierspezialitäten kann man in dem imposanten Jugendstilhaus an einem der schönsten Stadtplätze Oberbayerns ebenso genießen wie viele andere Köstlichkeiten.

In unmittelbarer Nachbarschaft zum neugotischen Rathaus können sich die Gäste an einer bodenständigen Küche erfreuen, die von Bernd Weinhart, dem Herrn über Töpfe und Pfannen, aber kreativ interpretiert wird. Das wissen seine Stammgäste ebenso zu schätzen wie die vielen Besucher der Stadt. Darunter auch Pilger, die hier einkehren, um sich von den Strapazen ihrer Reise auf dem berühmten Jakobsweg zu erholen, der die Stadt Pfaffenhofen kreuzt.

Als Mann vom Fach hat der leidenschaftliche Gastronom und versierte Koch, der gemeinsam mit seiner Frau Margit im September 2009 wieder an seine alte Wirkungsstätte zurückgekehrt ist, dem gründlich restaurierten Haus neues Leben eingehaucht. Jeden Samstag gibt es einen deftigen musikalischen Frühschoppen, wo man in aller Gemütlichkeit Weißwürste, saure Zipferl oder andere Schmankerl genießen kann. Doch die reichhaltige Speisekarte hat dem Gast einiges mehr zu bieten, wie den berühmten Hallertauer Hopfenspargel oder geschmorte Rehschäufele in Preiselbeersauce. Zur Freude seiner Gäste ist der umtriebige Hausherr aber immer wieder auf der Suche nach neuen Kreationen. Anregungen holt er sich oft auf seinen ausgedehnten Wanderungen durch die Natur, wo er manchmal neue Kräuter entdeckt, die sich dann vielleicht in seinen raffiniert-bayrischen Gerichten wiederfinden.

Herzstück des Brauereigasthofs ist die behagliche Stub'n mit ihrer besonderen Atmosphäre. Sie ist wohl die schönste alte Gaststube weit und breit. Das holzvertäfelte edle Kirschbaumzimmer mit dem alten handbemalten Kachelofen, das rustikale Bayernstüberl und der Clubraum ergänzen das Ambiente. Und für den müden Gast halten die freundlichen Wirtsleute auch noch elf gut ausgestattete Hotelzimmer bereit.

Schweinsfilet im Gerstenmalzmantel gebraten, auf grüner Bockbier-Pfeffersauce mit Kartoffelroulade

Das Rezept zur Spezialität des Hauses finden Sie auf Seite 116

Hotel Müllerbräu
Hauptplatz 2
85276 Pfaffenhofen a. d. Ilm
☎ 0 84 41 / 49 37-0
www.hotel-muellerbraeu.de

Alte Anatomie, Ingolstadt

Mit Herzblut und Leidenschaft

Sich um das Wohlergehen der Gäste zu kümmern, liegt der Familie Hummel wohl in den Genen, denn sie führt das Hotel Domizil nun schon in vierter Generation. Begonnen hat alles im Jahr 1914 mit dem Gasthaus zum Pionierübungsplatz. Seither steht das „Gastgeben" ganz weit oben auf der Tagesordnung des traditionsreichen Hauses inmitten des ruhigen Ingolstädter Konradviertels. Und es kann sich mit dem Superlativ schmücken, eines der ältesten Hotels der Donaustadt zu sein. „2014 feiern wir unser 100-jähriges Jubiläum" bemerkt der Chef des Hauses dann auch voller Stolz und verweist auf das „Herzblut" und die „Leidenschaft" mit der die Familie das 3-Sterne-Hotel schon immer geführt hat.

Kaum denkbar war es also, dass Ralf Hummel, der das Hotel heute gemeinsam mit seinen Eltern und seiner Frau Vanessa leitet, einen anderen Weg hätte einschlagen können, als den des Gastronomen. Erlernt hat er sein Handwerk im renommierten Bogenhauser Hof sowie im Königshof in München. Nicht weniger hochkarätig war auch die Ausbildung seiner Frau Vanessa im Münchner Hotel Vier Jahreszeiten Kempinski. Gemeinsam mit Vater Simon ging man in den 1990er-Jahren daran neue Akzente zu setzen, sodass Historie und Moderne zu einer harmonischen Einheit verschmolzen. Heute ist das elegante Hotel bei Urlaubs- und Geschäftsreisenden gleichermaßen beliebt, denn es bietet alles, was der Gast sich für sein persönliches Wohlsein wünscht.

Das wissen auch die Fußballprofis des Bundesliga-Zweitligisten FC Ingolstadt 04 zu schätzen, die sich das Domizil als ihr Mannschaftshotel auserkoren haben. „Die Spieler genießen die familiäre Atmosphäre bei uns", sagt der fußballbegeisterte Ralf Hummel.

Mittelpunkt des Hauses ist von jeher das Restaurant, das sich trotz aller Wandlungen bis heute seine traditionelle Bedeutung bewahrt hat. Dort führt der Chef persönlich das Regiment und kümmert sich kompetent um das leibliche Wohl der Gäste. Seine ambitionierte Küche ist regional geprägt, nimmt aber auch internationale Einflüsse auf. Mediterrane Anklänge stehen dabei im Mittelpunkt, sodass die Speisekarte einen kulinarischen Streifzug quer durch die europäischen Lande bietet.

Hummel's Perlhuhn mit Steinpilzfüllung und Artischocken-Kartoffelgemüse

Das Rezept zur Spezialität des Hauses finden Sie auf Seite 116

Hotel Domizil
Feldkirchner Straße 69
85055 Ingolstadt
☎ 08 41 / 95 45 30
www.hoteldomizil.de

Restaurant AVUS
Audi Forum Ingolstadt

Haute Cuisine im Zeichen der Vier Ringe

Altmühltaler Rehrücken mit glacierten Feigen und Selleriepüree

Das Rezept zur Spezialität des Hauses finden Sie auf Seite 117

Die Restaurants im Audi Forum Ingolstadt – hier steht alles im Zeichen der Ringe. Freilich nicht der olympischen, sondern der vier ineinander verschlungenen Ringe der AUDI AG.

Und auch hier findet man, integriert in die helle Architektur des Gebäudeensembles, Höchstleistungen in Hülle und Fülle, auch für kulinarische Genießer.

Ein besonderer Ort, um eine exquisite Küche, vorzügliche Weine und einen exzellenten Service zu genießen, ist das edle fine-dining Restaurant AVUS. Das À-la-carte-Restaurant ist gewissermaßen das Flaggschiff der Gastronomie im Audi Forum Ingolstadt und besticht durch Haute Cuisine in einem ganz besonderen Ambiente.

Exklusivität erwartet den Gast schon im Entree des Restaurants, wo eine Studie des Audi Avus quattro aus dem Jahr 1991 auf die Philosophie von Innovation, Eleganz und Perfektion verweist. Auf Spitzenniveau bewegen sich auch die Gourmet-Kreationen der Küche, denn jeder Gast soll mit der Erinnerung an ein perfektes Essen nach Hause gehen. Qualität steht beim Einkauf daher an allererster Stelle und so werden ausschließlich hochwertige Produkte vorzugsweise aus der Region verarbeitet, um den Gästen ein besonderes Geschmackserlebnis zu bieten. Dabei reicht das Spektrum vom leichten Business-Lunch für Geschäftsreisende oder Gäste der AUDI AG über das Dinner for two bis hin zu besonderen mehrgängigen Menüs, die von Woche zu Woche wechseln. Und wie bei einem Restaurant der Spitzenklasse nicht anders zu erwarten, rundet ein erlesenes Weinangebot mit über 130 Weinen und fünf Champagnersorten das Gourmet-Erlebnis ab.

Eine besondere Attraktion auf der Speisekarte ist das zarte American Beef vom Black Angus- oder Hereford-Rind, das in einem original amerikanischen Southbend-Grill bei Temperaturen um 800 Grad zubereitet wird und so seinen einzigartig herzhaften Geschmack entfalten kann, der von Kennern hoch geschätzt wird.

In regelmäßigen Abständen veranstaltete Themenevents, wie „Hummerabende" oder „Wein- und Champagnerabende" sind weitere Highlights. Sie finden einen ebenso regen Zuspruch bei den Gästen wie der allwöchentliche After Work Jazz in der Bar & Lounge. Ein Ereignis der ganz besonderen Art ist die Veranstaltungsreihe „Meisterköche zu Gast", bei der hochkarätige Starköche wie Eckart Witzigmann, Reto Mathis, Alexander Herrmann oder Christian Mittermeier ihre ausgefeilten Menükompositionen kredenzen und Gourmetherzen höher schlagen lassen.

Restaurant AVUS
Audi Forum Ingolstadt
Ettinger Straße
85057 Ingolstadt
☎ 08 41/8 94 10 71
www.audi.de/foren

Schmankerl-Paradies in den Donauauen

Antonius-Schwaige

Man meint, man sei auf dem Lande, nähert man sich der mauerbewehrten Antonius-Schwaige, die wie eine Insel der Ruhe und Entspannung in der Auenlandschaft am Rande Ingolstadts liegt. Nahe des Dreigroschenweihers, den die Ingolstädter einfach nur den Baggersee nennen, kann man sich nach einem ausgedehnten Spaziergang, einer schweißtreibenden Radltour oder einem anstrengenden Arbeitstag auf eine Maß Bier oder eine Radlerhalbe niederlassen und unter den wunderbaren, uralten Lindenbäumen bei traditionellen bayrischen Spezialitäten das Leben genießen. „So würde sich bestimmt auch Aloisius, der Münchner im Himmel, ein bayerisches Schmankerlparadies auf Erden vorstellen", meint Wirt Armin Stangl und ist stolz auf die lange Tradition seines Hauses.

Unübersehbar grüßt schon von Weitem das 29 Meter hohe ehemalige Windrad der Schwaige den hungrigen Gast, der durch einen geschwungenen Torbogen das bis ins Detail liebevoll restaurierte Anwesen betritt, zu dem neben dem Hauptgebäude mit Restaurant und dem Saalbau an den westlichen Ecken je ein gemütliches Turmstüberl gehören. Dazwischen erstreckt sich eine erhöhte Terrasse, die ehemals den Honoratioren der Stadt bei hohen Festlichkeiten als angemessener Sitzplatz diente. Und sogar der Heilige Antonius, der Schutzpatron der Bauern und ihrer Tiere, kommt mit einer eigenen Kapelle zu seinem Recht. Sie schmiegt sich idyllisch an die Umfassungsmauer und lässt morgens, mittags und abends ihr Geläut erklingen.

Schon seit über 100 Jahren existiert Ingolstadts ältester und größter Biergarten mit über 1000 Plätzen, denn bereits 1904 wurde die Schwaige, traditionell ein von einer Mauer umgebenes alleinstehendes Bauerngehöft, zu einer Ausflugswirtschaft mit Biergarten umgebaut. Aus dieser Zeit stammt auch die legendäre „Kirtahutschn", auf der schon Generationen von Kindern geschaukelt haben, woran sich selbst Großeltern und sogar Urgroßeltern mit Begeisterung erinnern, wenn sie in den Sommermonaten zu einer deftigen Brotzeit, Ochs am Spieß, Spanferkel oder Steckerlfisch einkehren oder während der kälteren Jahreszeit im Restaurant Tiroler Gröstl, Schwammerlbraten oder den selbst gebackenen Kuchen des Hauses genießen.

Rehrücken auf Pfifferlingen im Hopfenbett gegart

Das Rezept zur Spezialität des Hauses finden Sie auf Seite 117

Antonius-Schwaige
Antonius-Schwaige 47
85049 Ingolstadt
☎ 08 41 / 3 26 80
www.antoniusschwaige.de

Köstliches aus der Wurstkuchl

Bierrahmsupp'n

Das Rezept zur Spezialität des Hauses finden Sie auf Seite 118

Eingerahmt von Pferdekoppeln, der Willibaldskirche und dem Areal der benachbarten Brauerei liegt, beschattet von uralten Kastanien, die Brauereischenke Kastaniengarten am ruhigen Ortsrand von Oberhaunstadt. Die privilegierte Lage mit Blick über Felder und Wiesen wussten schon die Jesuiten zu schätzen, die sich hier vor langer Zeit niedergelassen hatten. Nach deren Fortgang entstand dort vor etwa 100 Jahren die Hauptschenke des damaligen Brauhauses Oberhaunstadt, der heutigen Privatbrauerei Nordbräu. Seither ist die Wirtschaft ein beliebtes Ausflugsziel und es ist für viele Ingolstädter Tradition am Josefitag zur Eröffnung der Biergartensaison dorthin zu pilgern, um bei Blasmusik und einer frisch gezapften Maß „auf den Bierkeller zu gehen" der sich großflächig unter dem Anwesen erstreckt.

Der bayerischen Wirtshaustradition fühlen sich Wirt Elmar Diepold und sein Team mit ihrer bodenständigen Küche ebenso verpflichtet wie mit ihrem Angebot süffig-fein gebrauter Biere aus der benachbarten Brauerei, zu der seit jeher eine enge Verbindung gepflegt wird. So kommen die Gäste nicht selten in den Genuss von besonderen Bierspezialitäten, wie einem kellertrüben Dunklen, oder einem speziell gebrauten Festbier für das alljährliche Bierfest im italienschen Carrara.

Wer sich dazu ein besonders Schmankerl gönnen möchte, ist in der Wurstkuchl am richtigen Platz. Dort bereitet das Team von Küchenchef Raimund

Kuppe auf einem Kohlegrill exklusiv für den Kastaniengarten hergestellte Würstl zu, die nach Wunsch mit einem speziellen Weißbierbrot oder einem Kartoffelsalat nach eigener Rezeptur serviert werden. Krönung des Ganzen ist eine vom Küchenchef eigens dafür kreierte Senfmischung. Doch auch andere bayerische Leckerbissen aus der Region kommen auf der Speisekarte nicht zu kurz.

Urgemütlich und mit viel Liebe zum Detail ausgestattet sind auch die großzügigen Räumlichkeiten des Wirtshauses. Ein echter Hingucker ist der zur Theke umgebaute originale Apothekentresen von 1870 und die Wandmalereien mit historischen Biergartenszenen. Das ideale Ambiente größere Veranstaltungen aber auch für Feiern in kleinerem Rahmen.

Kastaniengarten
Gutsstraße 4
85055 Ingolstadt-Oberhaunstadt
☎ 08 41 / 5 55 41
www.kastaniengarten.de

NORDBRÄU
Day of Bike

Schweinefilet mit Spargel und Sauce hollandaise

Altstadthotel Schrobenhausen – Bauern-Bräu, S. 95

Zutaten für 4 Personen

Schweinefilet *700–800 g Schweinefilet* | *Salz, Pfeffer* | *2 EL Öl zum Anbraten* | *2 EL Butter zum Braten*

Spargel *1 kg weißer Spargel* | *etwas Zitronensaft* | *Salz, Zucker* | *etwas altbackenes Weißbrot*

Sauce hollandaise *170 g Butter* | *2 Eigelb* | *2 EL Weißwein-Reduktion oder Weißwein* | *etwas Zitronensaft* | *1 Prise Zucker* | *Salz, weißer Pfeffer*

Zubereitung

Das Filet waschen und trocken tupfen, die Silberhaut entfernen, in Medaillons circa á 50 Gramm schneiden, mit Salz und Pfeffer würzen. Öl in einer Pfanne heiß werden lassen, das Fleisch anbraten und wieder herausnehmen. In einem Bräter Butter schmelzen, das Filet hineinlegen und im Backofen bei 200 Grad 3 bis 5 Minuten garen, das Fleisch soll innen noch leicht rosa sein.

Den Spargel schälen. In siedendes Wasser mit viel Salz, etwas Zucker und Zitronensaft geben und darin je nach Geschmack 10 (al dente) bis 15 Minuten kochen.

Während der Spargel kocht, die Sauce zubereiten: Butter bei geringer Hitze schmelzen, klären und nochmals erwärmen, bis sie eine leicht hellbraune Farbe angenommen hat (Nussbutter). Eigelb mit etwas Zitronensaft, Weißwein-Reduktion oder Weißwein und Salz in einem Topf aufschlagen, dann im heißen Wasserbad so lange rühren, bis die Eier ausgeschlagen sind. Danach vorsichtig die lauwarme Nussbutter in kleinen Portionen unterrühren. Mit Salz, Pfeffer, einer Prise Zucker und vielleicht noch etwas Zitrone abschmecken.

Die Medaillons auf Tellern anrichten und etwas Bratensaft darübergeben. Dazu die Spargelstangen legen, mit Butter bestreichen und nach Geschmack mit der Sauce hollandaise nappieren. Dazu passen Salzkartoffeln.

Etwas altbackenes Weißbrot oder eine Semmel im Kochwasser nimmt die Bitterstoffe des Spargels.

Spargel-Schinken-Röllchen, überbacken

Spargelhof Tyroller, S. 96

Zutaten für 4 Personen

24 Stangen Spargel | *8 Scheiben Schinken, gekocht* | *8 Scheiben Käse (z. B. Gouda, Emmentaler)*

Zubereitung

Spargel schälen und in Salzwasser – nach Geschmack bissfest oder weich – kochen, dann aus dem Sud nehmen und abtropfen lassen. Jeweils 3 bis 4 Stangen Spargel in eine Scheibe Schinken einrollen, auf ein mit Butter eingefettetes Blech oder in eine Auflaufform legen und mit einer Scheibe Käse bedecken.

Im Backofen kurz überbacken, bis der Käse geschmolzen ist.

Kalbsfiletmedaillon mit Ingwerjus, Wokgemüse und Sushi-Reis

Hotel Moosburger Hof, S. 99

Zutaten für 4 Personen

Kalbsfilet *4 Kalbsfilets à 160 g | Rapsöl zum Anbraten | Gemüsebrühe | 1 Zwiebel | 20 g Ingwer | Sojasauce | Salz, Pfeffer*
Sushi-Reis *150 g Sushi-Reis | 26 ml Mirin | 15 ml Reisessig | Salz, Zucker*
Ingwerjus *100 ml Kalbsglace | etwas Sojasauce | etwas Honig | 60 g Ingwer*
Wokgemüse *12 Zuckerschoten | 12 Shiitake | 2 Karotten | 1 Lauchzwiebel | je ½ Paprika rot und gelb | Rapsöl | Sesamöl | Sojasauce | Sweet-Chilisauce*
Dekoration *1 Schälchen Daikonkresse*

Zubereitung

Sushi-Reis waschen, bis das ablaufende Wasser klar ist. Den Reis mit 180 Millilitern Wasser vermengen und abgedeckt auf einem Wasserbad etwa eine halbe Stunde dämpfen. Mirin mit dem Reisessig mischen, etwa Salz und Zucker hinzugeben, einmal kurz aufkochen und direkt über den noch heißen Reis geben und „einmassieren".
Gemüsebrühe mit Zwiebelstreifen und in Scheiben geschnittenem Ingwer bis kurz vor den Siedepunkt erhitzen. Mit Salz und Sojasauce abschmecken.
Die Kalbsmedaillons in etwas Rapsöl anbraten mit Salz und Pfeffer würzen, in den Fond legen, mit einem Deckel abdecken und zur Seite stellen.
Für den Ingwerjus die Kalbsglace erhitzen, mit Sojasauce und Honig abschmecken und den Saft von geriebenem Ingwer hinzugeben. Achtung: Frischer Ingwersaft ist sehr intensiv und scharf, lässt sich so jedoch sehr gut dosieren.
Die Zuckerschoten, Shiitake, Karotten, Lauchzwiebeln und Paprika putzen und in ungefähr 5 Zentimeter lange Streifen schneiden.
Etwas Raps- und Sesamöl in einer Pfanne erhitzen, die Gemüsestreifen hinzugeben und bei mittlerer Hitze kurz anbraten. Mit Sojasauce und Sweet-Chilisauce abschmecken
Den Sushi-Reis als Streifen auf dem Teller aufsetzen, darauf zunächst das Wokgemüse und anschließend je ein Kalbsmedaillon, in drei Scheiben geschnitten, gefächert anrichten. Mit Daikonkresse garnieren und die Ingwerjus dazu reichen.

Bavariator-Mascarponetörtchen auf Rumkirschen

Müllerbräu, S. 100

Zutaten für 4 Personen

Boden *60 g Butter | 50 g Mehl | ¼ TL Backpulver | 1 EL Kaba | 50 g Zucker | ½ Pck. Vanillezucker | 1 Ei*
Bavariator-Mascarponecreme *150 g Mascarpone | 150 ml Bavariator (dunkler Doppelbock) der Brauerei Müller | 250 ml Sahne | 3 Blatt Gelatine | 3 EL Honig | 1 TL Vanillezucker | Saft von ¼ Zitrone | 80 g Zucker | Salz*
Rumkirschen *250 g Sauerkirschen im Glas | 6 cl Rum | 20 g Mondamin | eine Prise Zimt | 30 g Zucker | geröstete Sonnenblumenkerne*

Zubereitung

Für den Boden am Vortag den Backofen auf 190 Grad vorheizen. Das Backblech mit Backpapier auslegen. Mehl, Kaba und Backpulver durch ein Sieb geben. Butter, Zucker und Vanillezucker und Ei emulgierend verrühren. Die gesiebte Mischung gut unterheben, die Masse auf dem Blech mit dem Backpapier verteilen und glatt streichen und im Ofen 15 bis 20 Minuten ausbacken. Mit einem Tuch nach dem Backen abdecken und bis zum nächsten Tag ruhen lassen.
Für die Creme das Bier, den Zucker und Vanillezucker, den Honig, das Salz und den Zitronensaft auf dem Herd in einem Topf auf die Hälfte reduzieren lassen. Anschließend die eingeweichte Gelatine unterrühren und erkalten lassen. Mit Mascarpone glattrühren und warten, bis die Masse zu gelieren beginnt. Die geschlagene Sahne unterheben. Jetzt den Boden mit den Formen, in die das Törtchen hineingegossen werden soll, ausstechen und den ausgestochenen Boden in der Form lassen. Die Creme in die Form gießen und abgedeckt im Kühlschrank bis zum nächsten Tag erkalten lassen.
Die Kirschen abgießen und den Saft in einem kleinen Topf mit Zimt und Zucker aufkochen. Mit etwas Mondamin abbinden und den Rum und die Kirschen abschließend hinzugeben.
Die Törtchen wie auf der Abbildung mit den gerösteten Sonnenblumenkernen als Dekoration anrichten.

Schweinsfilet im Gerstenmalzmantel gebraten, auf grüner Bockbier-Pfeffersauce mit Kartoffelroulade

Hotel Müllerbräu, S. 103

Zutaten für 4 Personen

Schweinsfilet *720 g Schweinsfilet am Stück* **|** *50 g Butterschmalz* **|** *1 Ei* **|** *100 g Mehl* **|** *100 g Gerstenmalz, mittel, geschrotet (in jeder Brauerei erhältlich)* **|** *Salz, Pfeffer*

Sauce *¼ l Schweinsbratensauce* **|** *50 g Schweinskeule, geräuchert* **|** *1 Knoblauchzehe* **|** *100 g Zwiebeln, gewürfelt* **|** *50 g Butter* **|** *¼ l dunkles Bockbier* **|** *20 ml Weinbrand* **|** *25 g grüne Pfefferkörner* **|** *Salz* **|** *1 EL Öl*

Kartoffelroulade *250 g Kartoffeln, mehlig kochend* **|** *100 g Weizenmehl Type 405* **|** *25 g Hartweizengrieß* **|** *1 Ei* **|** *40 g Butter* **|** *5 g Majoran* **|** *Muskatnuss, gerieben* **|** *Salz* **|** *100 g Maultaschenteig, ausgerollt* **|** *Butter zum Anbraten*

Zubereitung

Für die Roulade die Kartoffeln am Vortag mit Schale kochen, warm schälen und abgedeckt bis zum nächsten Tag abkühlen lassen. Die Kartoffeln durchdrücken, mit Salz, Butter, Mehl, Grieß, Majoran, Muskat und Ei zu einem Teig verkneten. Den Maultaschenteig ausbreiten und den Kartoffelteig gleichmäßig darauf verteilen. Den Teig einrollen und 30 Minuten dampfgaren. Die fertig gegarte Roulade in Klarsichtfolie wickeln und abkühlen lassen. Vor dem Anrichten in gleichmäßige Scheiben von etwa 1 Zentimeter Dicke schneiden und dann in Butter goldgelb anbraten.

Für die Sauce die Schweinskeule in feine Würfel schneiden und in einem Esslöffel Öl knusprig anbraten. Den Knoblauch fein würfeln und goldgelb mitbraten. Die Zwiebelwürfel hinzugeben und anschwitzen. Mit Bockbier und Schweinsbratensauce aufgießen. Die Sauce auf kleiner Flamme einkochen, bis sie sämig wird. Die Pfefferkörner und die Butter hinzugeben, bis die Sauce leicht zu glänzen beginnt. Mit Weinbrand und Salz abschmecken.

Das Schweinsfilet leicht mit Salz und Pfeffer würzen und bei 50 Grad auf einem Blech 45 Minuten ins Backrohr legen. Danach mit einem Küchentuch abtrocknen, in Mehl und Ei wenden und mit dem geschroteten Gerstenmalz panieren. Nun das Schweinsfilet gleichmäßig von allen Seiten in Butterschmalz anbraten, bis es Farbe nimmt. Das Filet tranchieren und die Scheiben auf der Sauce anrichten. Als Beilage eignet sich hervorragend Wirsinggemüse.

Hummel's Perlhuhn mit Steinpilzfüllung und Artischocken-Kartoffelgemüse

Hotel Domizil, S. 107

Zutaten für 4 Personen

Perlhuhn *2 Perlhühner à ca. 1000 g* **|** *Olivenöl* **|** *Salz* **|** *Pfeffer, gemahlen*

Füllung *2 EL Butter* **|** *1 EL frische Steinpilze, klein gehackt* **|** *2 rote Zwiebeln* **|** *2 kleine Rosmarinzweige* **|** *200 g kernlose blaue Weintrauben* **|** *100 g Parmaschinken, in Streifen geschnitten* **|** *Salz, Pfeffer*

Artischocken-Kartoffelgemüse *3 Kartoffeln* **|** *2 Artischocken* **|** *1 Tomate* **|** *1 Zwiebel* **|** *Olivenöl*

Zubereitung

Für die Füllung die Butter in einer Kasserole zergehen lassen und die Steinpilze darin bei mittlerer Hitze anschwitzen. Die Zwiebeln, die Trauben und den Rosmarin hinzugeben, leicht salzen und pfeffern und die Schinkenstreifen darauflegen. Vom Herd nehmen und ruhen lassen.

Die Perlhühner waschen und abtropfen, mit Olivenöl, Salz und Pfeffer einreiben und die Steinpilzfüllung hineingeben. Den Backofen auf 180 Grad vorheizen und die Perlhühner eine Stunde garen.

Für das Gemüse die Artischockenherzen herausschneiden und in kleine Spalten teilen. Die Kartoffeln schälen und ebenso in kleine Spalten teilen. Die Zwiebel fein schneiden und in einer Pfanne in Olivenöl anschwitzen. Die Kartoffelspalten und Artischockenspalten dazugeben, anbraten, salzen und pfeffern und mit Tomatenwürfeln verfeinern.

Altmühltaler Rehrücken mit glacierten Feigen und Selleriepüree

Restaurant AVUS/Audi Forum Ingolstadt , S. 108

Zutaten für 4 Personen

Rehrücken *520 g Rehrücken | 50 g Butter | Piment | Wacholderbeeren | 1 Thymianzweig | Salz, Pfeffer*

Selleriepüree *1 Sellerieknolle von etwa 400 g | 150 ml Sahne | 50 ml Milch | Muskatnuss, frisch gerieben | Salz | Pfeffer, frisch gemahlen*

Feigen *8 reife Feigen | 2 EL Zucker | 250 ml roter Portwein | 250 ml Rotwein | 6 EL Cassismark | 1 Sternanis | 1 Zimtstange | 2 Wacholderbeeren | 1 Lorbeerblatt | 1 TL Akazienhonig*

Sauce *500 ml Wildfond | 40 g Butter | 40 ml roter Portwein | etwas alter Balsamico | Preiselbeeren | Salz | Pfeffer, frisch gemahlen*

Zubereitung

Wacholderbeeren und Piment in einem Mörser zerkleinern. Rehrücken mit Salz, Pfeffer, Piment und Wacholderbeeren würzen. 25 Gramm Butter in einer Pfanne leicht bräunen. Den Rehrücken von beiden Seiten kurz anbraten und Thymian dazugeben. Jetzt das Fleisch für 5 bis 8 Minuten in den auf 130 Grad vorgeheizten Ofen schieben, herausnehmen und 8 Minuten ruhen lassen. Wieder in den Ofen schieben und noch mal 10 Minuten garen. Den Rücken kurz in brauner Butter schwenken und in Medaillons schneiden.

Den Sellerie schälen, in grobe Würfel schneiden, würzen, Sahne und Milch dazugeben, einmal aufkochen und dann abgedeckt weichkochen. Wenn die Flüssigkeit verkocht ist, herausnehmen, pürieren und mit Salz, Pfeffer und Muskat abschmecken.

Die Feigen schälen und vierteln. Den Zucker in einem Topf karamellisieren lassen und mit Port- und Rotwein ablöschen. Die Gewürze und den Honig hinzufügen, auf die Hälfte reduzieren, Cassismark dazugeben und einkochen lassen, bis der Fond dickflüssig ist. Noch einmal abschmecken und nach Belieben noch Honig oder Cassismark dazugeben. Den heißen Fond über die Feigen gießen und über Nacht ziehen lassen.

Wildfond und Portwein auf die Hälfte reduzieren lassen, mit Balsamico und Preiselbeeren abschmecken und durch ein feines Sieb passieren. Die Sauce nochmals etwas reduzieren, mit kalter Butter binden und mit Salz und frisch gemahlenem Pfeffer abschmecken.

Rehrücken auf Pfifferlingen im Hopfenbett gegart

Antonius-Schwaige, S. 111

Zutaten für 4 Personen

Rehrücken *1 Rehrücken, ausgelöst (ca. 500 g) | 100 g Hopfendolden | 1 Lorbeerblatt | 4 Wacholderbeeren | 1 Thymianzweig | Salz | Öl | Butter*

Sauce *Abschnitte des Rehrückens | einige Rehrückenknochen, walnussgroß gehackt | 1 Zwiebel | 1 Schalotte | 1 Stangensellerie | 1 Karotte | 2 Champignons | 4 EL Tomatenmark | 250 ml Geflügelbrühe | 1 Lorbeerblatt | 4 Wacholderbeeren | 1 Streifen Orangenschale, ungespritzt | ½ Knoblauchzehe | 1 Scheibe Ingwer | 1 Thymianzweig | 100 ml Sahne | 1 EL Johannisbeergelee | 1 EL Holundersirup | etwas kalte Butter | Salz, Cayennepfeffer | Öl*

Pfifferlinge *400 g Pfifferlinge | 1 Bd. Blattpetersilie | Butter | Salz*

Zubereitung

Rehrücken parieren. Abschnitte aufbewahren. Ofen auf 100 Grad vorheizen. Öl in einer Pfanne erhitzen, Rehrücken darin von allen Seiten kurz anbraten. Dann auf einem Gitter ruhen lassen. Fleisch in den zerkleinerten Dolden wälzen, in Alufolie wickeln und auf einem Gitter im Ofen bei 100 Grad garen. Nach 5 Minuten auf 70 Grad reduzieren. Fleisch etwa 30 Minuten (abhängig von der Dicke) im Ofen lassen und alle 5 Minuten wenden.

Zwiebel, Schalotte, Sellerie und Karotte putzen, schälen und in grobe Würfel schneiden. Die Pfanne, in der der Rücken angebraten wurde, nochmals mit etwas Öl vorsichtig erhitzen und darin die Abschnitte sowie die Knochen anrösten. Gemüse, geschnittene Champignons und Tomatenmark dazugeben und anrösten. Geflügelbrühe hinzufügen und alles langsam zu einem starken Fond einkochen. In den letzten 10 Minuten Lorbeer, Wacholder, Orangenschale, Knoblauch, Ingwer und Thymian mitziehen lassen, dann Sahne angießen und aufkochen. Durch ein Sieb schütten und ausdrücken. Gelee und Sirup zufügen und mit Butter binden. Mit Salz und Cayennepfeffer abschmecken.

Pfifferlinge putzen und in Butter anbraten. Klein geschnittene Petersilie hinzugeben und mit Salz abschmecken. Rücken aus der Folie nehmen, Hopfen entfernen und in einer Pfanne mit Butter, Lorbeer, angedrückten Wacholderbeeren und Thymian nachbraten. Pfifferlinge auf den Tellern verteilen. Fleisch in gleich große Stücke schneiden, salzen, auf den Pfifferlingen anrichten und Sauce angießen.

Dazu passen hervorragend Schupfnudeln.

Bierrahmsupp'n

Kastaniengarten, S. 112

Zutaten für 4 Personen

Suppe *2 Weißwürste | 1 Zwiebel | ¾ l Kalbsfond | ½ l Sahne | ¼ l Anno Domini (Helles Bier) | 20 g Speisestärke | 200 g Butterschmalz und etwas zum Anschwitzen der Zwiebeln | Kümmel | Pfeffer | Salz | einige Röstzwiebeln zum Garnieren*

Panade *Mehl | Ei | Semmelbrösel*

Zubereitung

Die Zwiebel in feine Würfel schneiden und in etwas Butterschmalz glasig anschwitzen. Den Kalbsfond mit der Sahne hinzugeben. Etwa 15 Minuten köcheln lassen, mit Kümmel, Salz und Pfeffer würzen. Die Speisestärke mit einem Schuss Bier anrühren und in die Suppe geben. Die Weißwürste pellen, in etwa 1 Zentimeter dicke Scheiben schneiden und panieren (Mehlieren, durch das verquirlte Ei ziehen und dann in Semmelbröseln wenden). In Schmalz goldgelb ausbacken. Das Bier in die Suppe geben und dann möglichst schnell anrichten. Die gebackenen Weißwurstscheiben mit einigen Röstzwiebeln als Einlage verwenden.

Schafe und Lämmer an der Altmühl

Burgsteinfelsen im Altmühltal

Im Altmühltal

In einer weiten majestätischen Tallandschaft mäandert die kleine Altmühl, als hätte sie sich in ein zu großes Bett verirrt. An den bewaldeten Hängen blitzen bizarre Felsformationen hervor, einst Riffe und Klippen eines tropischen Meeres. Hier bahnte sich später die Donau ihren Weg durch das Gestein und schuf jenes gewaltige Flusstal, das sie nach der Eiszeit der Altmühl überließ. Gewiss ist die Faszination für dieses Stück Natur auch mit der Imagination einer Jahrmillionen alten, nicht greifbaren Zeit verbunden, die sich ein Stück in den zahlreichen Steinbrüchen offenbart, wo noch heute Jurakalksandstein abgebaut wird, auf dem unzählige urzeitliche Tiere und Pflanzen ihren „Fingerabdruck" hinterlassen haben. Einer der berühmtesten stammt vom Archaeopteryx, jenem Urvogel, der bei Solnhofen entdeckt wurde und sich im Jura-Museum auf der Willibaldsburg zu Eichstätt bestaunen lässt. Heute können auch Hobbyforscher in einigen Steinbrüchen mit Hammer und Meißel auf Fossiliensuche gehen.

Schon früh besiedelte der Mensch diese Region. Bereits in der Altsteinzeit haben Neandertaler und ihre Nachfahren Spuren in den Höhlen am Wellheimer Trockental hinterlassen, wie auch Mammute, Höhlenbären und Nashörner. Auf 100 Kilometern führt die Deutsche Limesstraße durch den Naturpark und bezeugt mit vielen Artefakten und rekonstruierten Bauwerken, wie Toren, Wachtürmen, Thermen und Kastellen, die Anwesenheit römischer Legionäre. Den Lauf der Altmühl begleiten Burgen und Schlösser, die von ihren vornehmen Logenplätzen auf steilen Felsen ins Tal grüßen. So zeigt sich die Burgruine Randeck bei Essing, gefolgt von der Burg Prunn, einem der schönsten Rittersitze in ganz Bayern. Das Städtchen Riedenburg, das als Perle des Altmühltals gepriesen wird, stand einst unter dem Schutz von drei Burgen. Zwei davon wurden zerstört, während auf der dritten, der Rosenburg, ein Falkenhof seinen Sitz hat, von dem die stattlichen Greifvögel zu beeindruckenden Flugvorführungen aufsteigen. Schloss Hirschberg oberhalb von Beilngries war einst das Jagdschloss der Eichstätter Fürstbischöfe. Die trutzige Willibaldsburg in Eichstätt diente ihnen vom 14. bis zum 18. Jahrhundert als Hauptresidenz. Die Herren ließen die Burg zu einer Veste im Renaissancestil umbauen und dazu einen herrlichen botanischen Garten angelegen. Eichstätt mag mit rund 14 000 Einwohnern nicht nur als die größte, son-

Berching

Burg Prunn

dern wohl auch als die prächtigste Stadt im Altmühltal gelten. Mit ihrem ehrwürdigen Dom, dem zauberhaften Barockensemble der Fürstbischöflichen Residenz und mit herausgeputzten Bürgerhäusern atmet die Stadt eine heitere, geradezu südländisch anmutende Atmosphäre. Das genießen auch die vielen jungen Leute, die an der Katholischen Universität Eichstätt studieren. Weiter gen Westen gilt Pappenheim, der einstige Sitz der Reichserbmarschälle, als Tor zum Altmühltal. Die Stadt unterhalb der Grafenburg ist mit den sprichwörtlichen „Pappenheimern" aus Schillers Drama „Wallensteins Tod" in aller Munde.

Alte Mauern mit Türmchen und Toren umschließen noch mancherorts kleine Städtchen oder eher Marktflecken, wie Dollnstein, Greding und Berching. Mit ihren historischen Strukturen und Bauten lassen sie das romantische Bild einer mittelalterlichen Stadt aufleben. Hin und wieder sieht man noch die typischen Altmühltaler Jurahäuser, deren dicke Mauern von den schweren, mit Legeschieferplatten gedeckten Dächern gedrückt werden. Leider haben diese archaisch wirkenden Baudenkmäler allzu oft der Last der Zeit nicht mehr standgehalten und verfielen oder wurden abgerissen. Ein Verein engagiert sich rührig um den Erhalt dieser „Letzten ihrer Art".

Das Altmühltal liegt in der Mitte Bayerns und die Altmühl selbst durchfließt auf ihrem Lauf Gebiete von Mittelfranken und Oberbayern sowie der Oberpfalz und Niederbayerns. Hier hat sich ein unerschöpflicher Schatz an kulturellen und landschaftlichen Schönheiten versammelt. Kein Wunder, dass damit eine der beliebtesten Ferienregionen in Deutschland entstand, wo jährlich rund 1,6 Millionen Übernachtungen und sechs Millionen Tagesgäste verzeichnet werden. Mit einer Fläche von insgesamt 3 000 Quadratkilometern wurde die Region um die Altmühl 1969 weiträumig unter besonderen Schutz gestellt und zum Naturpark erhoben.

Entdeckungstouren im Altmühltal sind immer ein besonderes Erlebnis, ob auf Schusters Rappen, per Fahrrad oder mit einem Boot. Seit Jahrzehnten schwingen sich Aktiv-Reisende auf die Sättel ihrer Fahrräder und radeln auf dem Altmühl-Radwanderweg entlang. Wanderfreunde gelangen auf verschiedenen, gut ausgebauten Routen wie auf dem 200 Kilometer langen Fernwanderweg, dem Panoramaweg oder auf dem Jurasteig zu den

Jurahaus

Riedenburg an der Altmühl

schönsten Flecken und Ausblicken im Naturpark. Wer vom Wasser aus die Landschaft genießen will, kann überall ein Boot in die Altmühl oder einen ihrer Nebenflüsse setzen und still davon gleiten. Auf dem Main-Donau-Kanal, der ab Beilngries durch das Bett der Altmühl nach Kehlheim fließt, sind Fahrgastschiffe unterwegs, manche von ihnen mit fernem Ziel, denn seit 1992 verbindet der Kanal die europäischen Wasserwege von der Nordsee bis zum Schwarzen Meer. Damit wurde ein sehr alter Traum wahr, denn schon Karl der Große ließ an einem Kanal zwischen Main und Donau graben. König Ludwig I. griff das Vorhaben 1836 auf und beschäftigte bis zu 9 000 Arbeitern um ein schiffbares Flussbett auszuheben.

„Touristen sind immer in Bewegung und bringen alles in Bewegung", so denkt vielleicht der Schäfer, der seine Herde auf den Wiesen im Altmühltal weiden lässt. Die Schafe grasen an den steilen Hängen, auf den mageren Wacholderwiesen und Trockenrasen. So sorgen sie als „vierbeinige Mähmaschinen" dafür, dass der Charakter der Landschaft mit ihren freien Heideflächen, dem Lebensraum seltener Tiere und Pflanzen, erhalten bleibt. Hier finden die Schafe auch die besonders würzigen Kräuter, die ihrem Fleisch zu seiner besonderen Qualität verhelfen. In den Gasthöfen der Region steht „Altmühltaler Lamm" als kulinarische Spezialität in verschiedenen Zubereitungen auf der Karte. Das Altmühltaler Lamm hat einen festen Platz im regionalen Kulturraum und bietet etliche Anlässe für traditionelle Feste, wie der traditionelle Weideauftrieb in Mörnsbach am dritten Maiwochenende, wenn rund 1 000 Schafe mit ihren Schäfern durch das Markttor auf die Weiden ziehen oder die Schäferfeste in Pappenheim und Breitenbrunn oder der Lamm-Weideabtrieb, der in Böhming und Kipfenberg ausgiebig gefeiert wird.

(Kulinarisches) Glück in Pappenheim

Hotel-Gasthof zur Sonne

Die goldene Sonne im Wirtshausschild lädt zur Einkehr in das charmante Hotelrestaurant in Pappenheims Altstadt. 2010 haben Stefanie Bauer und Sven-Wolfgang Glück das bekannte Traditionshaus mit Elan, besten Referenzen und gastronomischer Leidenschaft übernommen. Der Erfolg der jungen Wirte ließ auch nicht lange auf sich warten, denn schnell hatte sich ihre ausgezeichnete Küche sowie die ausgesprochen nette Atmosphäre des Gasthauses herumgesprochen. Beide haben ihr Handwerk gründlich erlernt und ihr Können bei Spitzenköchen vervollkommnet. Sven-Wolfgang Glück kommt aus dem Hohenlohischen und kochte unter anderem in Basel in der Gourmetküche von Hans Stucki; Stefanie Bauer erhielt ihr Rüstzeug bei Heinz Winkler in der Residenz Aschau.

Die Küche von Sven-Wolfgang Glück bezieht sich auf fränkische, auch schwäbische Tradition, bezeichnet sich selbst als „bodenständig" und ist dabei überaus exquisit. Die Region Altmühltal bietet hierfür eine reiche Palette an ausgezeichneten Produkten und fast alles, womit sich traditionelle Rezepte zeitgemäß und modern interpretieren lassen. Virtuos zubereitet und mit viel Liebe zum Detail angerichtet, kann man Großmutters gute alte Küche hier ganz neu, überraschend klar und vor allem leicht erleben. So finden sich auf der Speisekarte Spezialitäten wie Rücken vom heimischen Reh unter der Mandel-Maronenpilzkruste mit einer Holunder-Gin-Sauce, gedünstetem Sommerkohl und Pfifferlingen. Zum Filet vom Weideochsen werden Aprikosen gereicht und Altmühltaler Lamm gibt es in vielen Variationen, bei denen weit mehr als nur die Keule und das Filet kulinarisch zu ihrem Recht kommen. Es ist innovative Kochkunst im besten Sinne des Wortes und dabei zu ausgesprochen moderaten Preisen.

Ein herrlicher Ort zum Genießen ist die Sommerterrasse gleich neben dem Haus, wo am sonnigen Burgberg inmitten von Rosen Lavendel, Kapuzinerkresse und etliche Kräuter für die Küche gedeihen. Hier lässt man sich gern von den Köstlichkeiten des Hauses verwöhnen, und wenn man Glück hat, kann man den Pappenheimer Sonnensängern lauschen, die im Gasthof Sonne in fröhlicher Runde ihre Lieder proben.

Zweierlei Köstlichkeiten vom Altmühltaler Lamm

Das Rezept zur Spezialität des Hauses finden Sie auf Seite 160

Hotel-Gasthof zur Sonne
Deisingerstraße 20
91788 Pappenheim
☎ 0 91 43 / 83 78 37
www.zur-sonne-pappenheim.de

Heimische Naturprodukte mit Potenzial

Auf keinen Fall sollte man versäumen, in Dollnstein, nahe der Brücke über die Altmühl, im Bayerischen Hof einzukehren. Der Gasthof besteht seit mindestens 300 Jahren und wird heute bereits in achter Generation von Christian Hartl geführt. Das Haus mit dem blau-weißen Rautenmuster an der Fassade gilt als kulinarischer Geheimtipp.

Der junge Wirt hat den elterlichen Gasthof komplett renoviert und umgestaltet. So entstand die aparte Jurastube mit der schönen Bruchsteinmauer, in der das Frühstück für die Zimmergäste angerichtet wird. Ebenso ansprechend ist der große, helle Saal mit Galerie, in dem auch große Feiern mit 150 Personen ausgerichtet werden können. Auf der neuen überdachten Terrasse im Garten hinter dem Haus kann man geschützt und im Freien eine Erfrischung und besonders die Delikatessen des Hauses genießen.

Christian Hartl, ein begnadeter Koch und ein wahres Talent unter den Jüngeren seiner Gilde, ist seit 2006 Mitglied in der Spitzenköche-Vereinigung Eurotoques. Er selbst sagt: „Mein Ziel ist es, alte bayerische und fränkische Gerichte neu zu beleben und dabei qualitativ hochwertige Produkte, möglichst aus biologisch ökologischem Anbau und aus regionalen Bezugsquellen zu verwenden." Das allein klingt sehr sympathisch, doch wenn man die Kreationen seiner Küche erst einmal probiert hat, wird man jedem seiner Worte zustimmen.

Christian Hartl hatte ausgiebige Erfahrungen als Koch-Profi in verschiedenen Spitzenrestaurants gesammelt, ausländische Küchen, ob im schweizerischen Arosa oder in Mexiko City, kennengelernt und sich zum Küchenmeister qualifiziert, bevor er zu seinen Wurzeln zurückgekehrt ist. Ihn faszinieren die Fülle der heimischen Ressourcen und deren Potenzial für eine natürliche, gesunde und vor allem delikate Ernährung. Seine Gerichte erscheinen einfach, und manches schon fast vergessene Früchtchen oder Gemüse kommt bei ihm zu neuen Ehren. Nichts ist in seiner Küche gekünstelt oder verfälscht, sondern so zubereitet, dass man vor allem pure, frische Natürlichkeit schmeckt und dabei die große Kunst des Kochens erlebt. Das ist regionale, zeitgemäße Küche auf höchstem Niveau.

Gasthof Bayerischer Hof
Reichenaustraße 1
91795 Dollnstein
☎ 0 84 22 / 2 89
www.bayerischerhof-dollnstein.de

Zimmer mit Aussicht

Restaurant Hotel Schönblick

Die Aussicht vom Schönblick ist überwältigend. Über den steil abfallenden, bewaldeten Hang hinweg schaut man in das weite Tal, durch das die Altmühl weite Bögen zieht. Natur und Kultur vereinen sich in dieser Landschaft zu einem malerischen Panorama, das sich in atemberaubender Großzügigkeit präsentiert. Man erblickt im Südosten die ehrwürdige Bischofsstadt Eichstätt, sieht die Domtürme zwischen den Häusern herausragen. Genau im Blickfeld erhebt sich auf einem Bergsporn die Willibaldsburg über das Tal, wo einst die Eichstätter Bischöfe residierten.

Das Ausflugsrestaurant Schönblick war schon vor mehr als einem halben Jahrhundert eine Sensation, und manche Senioren erinnern sich heute, wie sie damals mit ihrem VW-Käfer oder mit dem Motorroller als Pärchen oder als junge Familie bei einer Ausfahrt ins Grüne eine Einkehr im Schönblick mit genau dem gleichen Ausblick wie heute genossen hatten. Irgendwann geriet der Schönblick ins Abseits, bis 2004 ein neuer Besitzer das Haus aus seinem Dornröschenschlaf weckte, oder besser – von seinem desolaten Zustand befreite, indem er das Gebäude gründlich sanieren und renovieren ließ, zur Freude vieler Gäste, die diesen gastlichen Ort nun wieder in vollen Zügen genießen können.

Die beiden Restauranträume mit großen Panoramafenstern atmen noch etwas vom liebenswürdigen Charme und von der Eleganz der 1950er-Jahre. Die Wände in warmer Farbigkeit und einzelne nostalgische Möbelstücke verbreiten eine angenehm gemütliche Atmosphäre. Wie ein Schwalbennest hängt die große Terrasse am Hang und bietet Platz für über 100 Gäste. In der Nacht scheint man hier zwischen den Sternen am Himmel und den Lichtern im Tal zu schweben.

Zum Schönblick kommt man an schönen Nachmittagen oder am Abend zum Speisen, hier kann man

Lauwarmes Carpaccio von Zucchini und Ziegenkäse mit gebratener Jakobsmuschel und Dijonsenf-Honig-Coulis

Das Rezept zur Spezialität des Hauses finden Sie auf Seite 160

Rinderfilet und Garnele auf Rotweinreduktion mit Kartoffel-Kräuternockerln

Das Rezept zur Spezialität des Hauses finden Sie auf Seite 161

sich auch ganz ungestört zu einem Businessgespräch treffen. Die Destination galt schon immer als etwas Besonderes und wird auch gern fürs Besondere auserkoren. Das ist noch heute so. Hochzeiten, Geburtstagen, Jubiläen und anderen Anlässen gibt das Restaurant immer einen festlichen Rahmen und bietet großzügig Platz für rauschende Feste mit bis zu 100 Gästen. Das Haus hält auch Möglichkeiten zum Übernachten bereit, natürlich im „Zimmer mit Aussicht" mit allem Komfort.

In ganz neuen Dimensionen präsentiert sich der Schönblick als 4-Sterne-Wellnesshotel. Hier wurde 2011 ein neuer Hotelkomplex errichtet, dessen moderne Architektur sich dezent in die Landschaft einfügt. Die zum Tal ausgerichtete Front bestimmen große Panoramafenster, Terrassen und Balkone, auf dem Haus gibt es eine riesige Dachterrasse. Es entstanden 18 sonnige Gästezimmer mit Balkonen, darunter 4 größere Komfortzimmer mit eleganter Ausstattung und modernem Equipment. Im Neubau gibt es einen großen Seminar- und Konferenzraum. Der Clou des Ganzen ist der Wellnessbereich. Vom Pool schaut man durch die 60 Quadratmeter große Glaswand direkt zur Willibaldsburg und meint, ihr entgegen schwimmen zu können. Mit Massagen und anderen wohltuenden Anwendungen wird man im Spa-Bereich reichlich verwöhnt, und in der Sauna kann man entspannt den Alltag entschwinden lassen.

Wenn Schauen allein satt machen würde, müsste man auf dem Schönblick bald eine Diät einlegen.

Aber so ist es denn nicht. Im Restaurant sorgen die Brüder Peter und Jirka Novy zusammen mit einem Lehrling für das leibliche Wohl ihrer Gäste. Die beiden aus Tschechien stammenden Köche haben ihr Handwerk von der Pike auf gelernt und in führenden Positionen beste Referenzen erworben, so Peter Novy in den Gourmetrestaurants der Exklusiv-Hotels Esplanade und Westend im vornehmen Marienbad oder Jirka Novy im Luxushotel Gabelsbach im thüringischen Ilmenau, bevor sie den Restaurantbetrieb des Schönblicks übernahmen und auf sein heutiges hohes Niveau gebracht haben. Sie bieten internationale und klassisch regionale Küche und zaubern für besondere Anlässe fabelhafte Menüs. Ihr Können messen sie auch gern bei bundesweiten Kochwettbewerben. Beliebt sind die Steakspezialitäten des Hauses, die man mit verschiedenen Beilagen bestellen kann, die fantastischen Grillplatten und Fischvariationen. Sportler und Wanderer finden auf der reichhaltigen Brotzeitkarte eine deftige Stärkung mit bayerischen Schmankerln, leckeren Snacks und Variationen frischer Salate. Die wechselnde Tageskarte offeriert ein Speisenangebot, das kulinarisch durch alle Jahreszeiten führt. Im Frühjahr ist selbstverständlich Saison für Schrobenhausener Spargel, ab Spätsommer stehen frische Pilze auf der Karte. Natürlich gibt es im Herbst Wildbret aus den heimischen Wäldern. Das Bier dazu kommt aus der kleinen, feinen Hofmühl-Brauerei in Eichstätt und der Wein aus allen Anbaugebieten der Erde.

Man sollte also bei einer Fahrt auf der B13 kurz vor (oder nach) Eichstätt gut aufpassen, um den Einschlupf zum Schönblick nicht zu verpassen.

Restaurant Hotel Schönblick
Schönblick GbR
Hohes Kreuz 11
85072 Eichstätt
☎ 0 84 21 / 93 60 80
www.schoenblick-eichstaett.de

Römisches Kastell Pfünz

Gastlichkeit im Anlautertal

Hotel Zum Bräu

Enkering, inmitten des Naturpark Altmühltal, ist idyllisch an der Anlauter – einem Seitenfluss der Altmühl – zwischen Jurahängen und Wachholderheiden gelegen. Der Ort ist ein beliebtes Urlaubsparadies für Wanderer, Radler und Ausflugsgäste. Bekannte Routen wie der Panoramaweg führen unmittelbar an der Haustür vorbei. Die vielen Schlaufenwege lassen das Herz des Wanderers höher schlagen. Der seit Jahrzehnten beliebte Altmühltal-Radwanderweg ist unweit entfernt. Kindern wird es hier nie langweilig, gibt es doch viel Spannendes und Geheimnisvolles zu entdecken, etwa die Burgruine Rumburg oder den Schellenberg, auf dem einst die Kelten hausten.

Das liebenswürdige Wirtsehepaar Irene und Rudolf Schöpfel lädt jederzeit in sein familiengeführtes und gastfreundliches „Bräu" ein. Für Übernachtungen stehen 16 komfortabel und gemütlich eingerichtete Zimmer bereit. Das denkmalgeschützte stattliche Gebäude wurde 1990 mit viel Feingefühl aufwendig restauriert und vermittelt mit seinem wohltuend dezenten Auftritt einen authentischen Eindruck eines Altmühltaler Brauereigasthofs aus dem 19. Jahrhundert.

Die alte Gaststube hat ihr uriges Flair bewahrt. Dort, wo früher das Bier der Brauerei lagerte, findet man heute einen anmutig freundlichen Gastraum, in dessen Mitte ein schöner Kachelofen mit Holz für wohlige Wärme sorgt.

Gern reserviert man aber auch den geräumigen Bräusaal – das ehemalige Sudhaus – für Firmenveranstaltungen, Hochzeitsfeiern und andere festliche Anlässe. Unter dem sechs Meter hohen Deckengewölbe und der Galerie standen einst die prächtigen Sudkessel. Heute wird hier regelmäßig Theater gespielt, musiziert und mit Gästen aus nah und fern gefeiert.

Wenn im traditionellen Fasching in Enkering die skurrilen Fosanickl beim Goaßlschnoizn dem Winter den Garaus machen, gibt's im Bräu ein närrisch frohes Treiben bis in die Morgenstunden.

Rudolf Schöpfel sorgt für das leibliche Wohl seiner Gäste, egal ob mit einer zünftigen Brotzeit oder mit einem feinen Festmenü. Die besonderen Angebote seiner regionalen Landküche begleiten die verschiedenen Jahreszeiten auf kulinarische Art. Gerichte vom Altmühltaler Lamm und Fisch aus heimischen Teichen und Flüssen wie Forelle, Saibling oder Zander zählen zu den Spezialitäten des Hauses.

Altmühltaler Duett vom Bachsaibling und von der Bachforelle mit Safrankartoffeln, Zuckerschoten und Kirschtomaten

Das Rezept zur Spezialität des Hauses finden Sie auf Seite 161

Hotel Zum Bräu
Rumburgstraße 1a
85125 Enkering
☎ 0 84 67 / 85 00
www.hotel-zum-braeu.de

Historischer Gasthof Stirzer

Behaglichkeit und Genuss in historischem Mauern

Rollbraten vom Altmühltaler Lamm mit Frischkäse und Backpflaumen gefüllt

Das Rezept zur Spezialität des Hauses finden Sie auf Seite 162

Der Gasthof Stirzer an der Dietfurter Hauptstraße ist etwas ganz Besonderes. Das typische Altmühltaler Ackerbürgeranwesen, das einst Gasthof, Brauerei und Landwirtschaft vereinte, hat schon mehr als 500 Jahre auf dem Buckel und trägt sein Alter mit Würde und Charme. Von 1991 bis 1994 wurde das verwinkelte Jurahaus-Ensemble sensibel restauriert. Die Spuren der Jahrhunderte sind jedoch noch allgegenwärtig. Man sieht sie an den unebenen Mauern und am uralten Gebälk, man spürt sie auf dem ausgetretenen Steinfußboden. Die Einrichtung mit antiken Tischen und Sitzbänken sowie manchem Sammelstück aus Urgroßmutters Zeiten, mit schönen Kachel- und Eisenöfen verströmt Behaglichkeit. Gegenüber der Gaststube entstand im ehemaligen Fremdenstall zusätzlich ein gemütlicher Gastraum, wo man es sich auch auf dem Sofa bequem machen kann. Ein eigenes Flair haben die Gewölbe des alten Brauhauses und des einstigen Kuhstalls, wo heute häufig private Gesellschaften bewirtet werden. Der Biergarten im Hof ist bei jedem Wetter ein geselliger Platz, selbst bei Regen unter vorgezogenem Wetterdach, und wird oft zum Veranstaltungsort für Musik, Kleinkunst und Literatur.

Einzigartig ist die Atmosphäre beim Stirzer, denn der Humor und die Freundlichkeit des Wirtspaares Sepp und Irmgard Hierl kommen von Herzen. Das verführerisch gute kulinarische Angebot samt auserlesener Bierspezialitäten ist unübertroffen. In der Saison gibt es ohne Ruhetag ganztags warme Küche. Der Gasthof, Mitglied der ökologischen Genießervereinigung Slow Food und mit Gold im Wettbewerb „Bayerische Küche 2010" ausgezeichnet, bietet auf seiner Speisekarte Altmühltaler Spezialitäten und nennt akribisch die Herkunft der Produkte, darunter auch vieler Bio-Produkte, beinahe bei Namen und Adresse. So erfährt man, dass Forellen, Lämmer, Enten, Gänse, Schweine und Rinder direkt aus der Nachbarschaft stammen, die Brennnesseln für die Suppe aus dem Labertal und der Kuchen „aus der Chefin ihrer Backstube". Die Herkunft der frischen Sommertrüffel und Steinpilze auf der Tageskarte bleibt allerdings ein gut gehütetes Geheimnis des Wirts. Glücklich, wer sich in einem der 18 Fremdenzimmer einquartieren konnte, und so viel Zeit zum Genießen hat.

Historischer Gasthof Stirzer
Hauptstraße 45
92345 Dietfurt
☎ 0 84 64 / 86 58
www.stirzer.de

Leben aus dem Ursprung

Benediktinerabtei Plankstetten

Seit 1129 leben und arbeiten Benediktinermönche in der Abtei Plankstetten. Sie haben mit ihrem Wirken und mit ihrem Gedanken an Gott die Landschaft als Oase der Ruhe und der Harmonie von Natur, Mensch und Tier geprägt. Terra benedictina – so sieht man das Land zwischen Beilngries und Berching am Main-Donau-Kanal.

Zu den Regeln der Benediktiner von Plankstetten, deren oberstes Gebot ora et labora – bete und arbeite – heißt, gehört auch ihre Selbstversorgung im Kloster. Diesen Auftrag erfüllen die 18 Mönche des Plankstettener Konvents im ausgleichenden Rhythmus von Gebet und Arbeit, von stiller Andacht und forderndem Tagwerk. Zehn Klosterbetriebe sind in einem geschlossenen Kreislauf von landwirtschaftlicher Produktion, handwerklicher Verarbeitung der Lebensmittel bis zu deren Konsum im Kloster beziehungsweise bis zur Direktvermarktung eingebunden. Sie arbeiten alle nach streng ökologischen Richtlinien und müssen dabei aber auch rentabel sein – wie überall.

Die Landwirtschaft des Klosters Plankstetten mit circa 120 Hektar Nutzfläche wurde 1994 von einem konventionellen Betrieb auf organisch-biologische Wirtschaftsweise umgestellt. Die Mönche bebauen nach BIOLAND-Richtlinien ihre Felder und halten ihre Tiere artgerecht. Das Klostergut konzentriert sich heute im Staudenhof auf der Hochebene oberhalb der Abtei. Hier führt Frater Richard Regie über Ackerbau und Viehzucht, trägt während der Arbeit statt der Mönchskutte Latzhose und Arbeitshemd. Er kennt und versteht die Bedürfnisse der Tiere ebenso wie die des heimischen Bodens im Jura der Fränkischen Alb. Dieser wird achtsam im Rhythmus einer sechsjährigen Fruchtfolge gepflegt, um seine natürliche Vitalität zu erhalten.

Das Getreide, das hier auf den Feldern wächst, ist für die Klosterbäckerei bestimmt. Aus der Gerste

Plankstetter Heubraten

Das Rezept zur Spezialität des Hauses finden Sie auf Seite 162

und dem Dinkel werden in Riedenburg die berühmten Plankstettener Biere gebraut. Ackerbohnen und Erbsen kommen als Eiweißlieferanten ins Viehfutter, alternativ zu importiertem Soja.
Wenn die Rinder, schönes Fleckvieh, mit etwa 65 Mutterkühen samt Kälbern nicht auf dem Grünland grasen, haben sie in dem geräumigen Offenfront-Stall jederzeit Auslauf ins Freie.
Besonders stolz ist man hier auf den neuen Schweinestall. Er wurde nach zeitgemäßen Richtlinien artgerechter ökologischer Haltung errichtet und bietet den Schweinen viel Bewegungsraum, etwa viermal so viel wie in konventionellen Ställen. Vom Ferkel bis zur Sau, in Altersgruppen getrennt, wuseln sie in ihren Freiluftgattern herum oder verziehen sich in Wohnhöhlen im Inneren des Stalls.
Zum Klostergut gehören ebenso Schafe der Rasse Coburger Füchse. Sie gelten als bedrohte Nutztierrasse, zu deren Erhalt hier mit der Nachzucht und der biologischen Haltung beigetragen wird. Auch ihr Fleisch hat, ebenso wie das der Rinder und Schweine, zertifizierte BIOLAND-Qualität.
Die Klostergärtnerei bewirtschaftet neben dem Freiland auch Gewächshäuser und versorgt das Kloster komplett mit frischem Obst und Gemüse. Es werden weitgehend ursprüngliche, robuste Sorten angebaut, die ein volles Aroma auszeichnet. Im Dunkel der alten Bierkeller des Klosters gedeiht der bleiche Chicorée, während in der Sonne die Arbeiterinnen der 20 Bienenvölker aus Frater Andreas' Imkerei emsig umherschwirren und den köstlichen Honig produzieren. Sie sind ein kleines, aber wichtiges Glied im natürlichen Kreislauf der Plankstettener Klosterwirtschaft.
Frater Bonifatius, ausgebildeter Bäckermeister, steht der Klosterbäckerei vor. Täglich, oder besser nächtlich, denn schon um 1 Uhr beginnt hier die Arbeit, bäckt er mit seinen beiden Kollegen köstliche Brote in verschiedenen Sorten, Semmeln, Kuchen und vieles mehr. Er hat nicht nur das handwerkliche Geschick, sondern auch lange Erfahrung, um selten gewordene alte Getreidesorten wie Dinkel, Emmer und Einkorn richtig zu verarbeiten. Grundlage für die Brotteige ist der hauseigene Natursauerteig, der täglich frisch hergestellt wird. Die Waren aus Frater Bonifatius Backstube, allesamt in BIOLAND-Qualität, kommen direkt auf die Tische von Kloster, Gästehaus und Klosterschenke. Dazu werden auch der Klosterhofladen und etwa 30 Naturkostläden in der Region beliefert.

Die Plankstettener Klostermetzgerei führt Max Fertl. Mit seinen Kollegen verarbeitet er das frische hausgeschlachtete Fleisch im speziellen Warmfleischverfahren und nach hauseigenen Rezepturen – ohne Zusatz von Phosphaten – zu wohlschmeckenden Wurstwaren, oder räuchert die unvergleichlich köstlichen Schinkenspezialitäten. Die Fleisch- und Wurstwaren werden natürlich auch außerhalb des Klosters sehr nachgefragt, und mit Stolz verweist mancher Gastwirt in der Region extra darauf, dass er Fleisch aus Plankstetten bezieht.

Mit dem Erwerb eines alten fränkischen Brennrechts lebte 1998 die Schnapsbrennerei auf dem Klostergelände neu auf, und seit 2008 werden in

einer modernen Brennanlage Äpfel, Birnen und Zwetschgen von den Streuobstwiesen des Klosters sowie Plankstettener Spezialbiere zu „geistigen Getränken" destilliert.

Mit Leib und Seele kocht Anton Klein in der Klosterküche für die Mönche und das Gästehaus, aber auch für die Einkehrer der Klosterschenke. Das benediktinische Gebot der Gastfreundschaft erfüllt er als weltlicher Mitarbeiter mit Leidenschaft, und das schon seit 40 Jahren! Die Plankstettener Klosterküche ist ihm bereits seit seiner Lehrzeit ein vertrauter Ort, und seit all den Jahrzehnten kocht er hier mit nicht nachlassender Begeisterung. Die Klosterschenke lädt zum „Essen wie die Mönche" nach ihrem kulinarischen Kalender ein. Danach gibt es samstags und an Sonn- und Feiertagen köstlichen Braten und Festtagssuppen, mittwochs und freitags steht vegetarische heimische Kost oder Fisch auf der Karte. Darüber hinaus bieten je nach Saison die Spezialitätenmenüs besondere kulinarische Erlebnisse. Die meisten Rezepte kreiert Anton Klein selbst und bedient sich dabei der Fülle des hauseigenen Angebots frischer und gesunder Bio-Lebensmittel.

Das Kloster Plankstetten vermarktet seine ökologisch biologischen Produkte direkt, entweder mit

dem Marktwagen oder in den Naturkost- und Bioläden der Region, vor allem aber im Klosterhofladen auf dem Gelände. Hier präsentiert sich die ganze köstliche Produktpalette: Brot- und Backwaren, Fleisch und Wurst, frisches Obst und Gemüse, dazu Spezialitäten wie Honig und Marmeladen, Spirituosen und Apfelsaft sowie die Plankstettener Bio-Biere – Spezial, Dunkel, Dinkel und Maibock. Es ist ein rundes Angebot, das keine Wünsche offen lässt.

Mancher Besucher des Klosters wird anders gehen, als er gekommen ist, er wird reicher um das Erlebnis dieses besonderen Ortes sein, wo mit Sorgfalt und Respekt der Natur begegnet wird, reicher vielleicht auch um die hoffnungsvolle Erkenntnis, dass ein Leben im Einklang mit der Natur grundsätzlich möglich ist, auch mitten im Hier und Heute.

Benediktinerabtei Plankstetten
Klosterplatz 1
92334 Berching
☎ 0 84 62 / 2 06-0
www.kloster-plankstetten.de

Oberlandsteig, Klettersteig im Naturpark Altmühl

Eine Krone der Gastlichkeit

Altmühltaler Forelle

Das Rezept zur Spezialität des Hauses finden Sie auf Seite 163

Der Hotelgasthof Zur Krone begeistert allein schon durch seine Lage unterhalb der mittelalterlichen Burg Prunn, die auf einem hohem Bergsporn das Altmühl überragt.

Gleich hinter dem Gasthof bieten schroffe Felsen eine beeindruckende Kulisse und ein Eldorado für Sportkletterer. Auf der Wiese davor kann man es sich unter Apfelbäumen in Liegestühlen bequem machen und verträumt dem Summen der Bienen lauschen, die emsig das Bienenhaus des Wirts frequentieren, während die Kinder den Spielplatz erobern. Vor dem Haus sitzt man gemütlich auf der grün umrankten Terrasse. Das familienfreundliche Drei-Sterne-Hotel ist in der Tourismusregion Altmühltal ein idealer Ausgangsort für Wanderer. Radler sind hier immer willkommen. In der Sauna und im Solarium des Hauses können sie sich nach erreichtem Tagesziel genüsslich entspannen. Zum Hotel gehören auch modern ausgestattete Tagungsräume. Die Seminar- und Veranstaltungsteilnehmer genießen auch hier den umfassenden Service des Hauses.

Die Felbermeirs führen die Krone schon seit fast 20 Jahren. Der Junior, Thomas Felbermeir, kehrte gern in den elterlichen Gasthof zurück, um die Regie in der Küche zu übernehmen. Zuvor pendelte er mitunter bis nach München, wo er in der Küche des Hotels Bayerischer Hof arbeitete. Mit großer Fachkompetenz kocht er nun in (räumlich) kleiner Küche, das aber so hervorragend, dass ihm größtes Lob vorauseilt. Genießer schätzen besonders die Bodenständigkeit der ehrlichen Landkost. Altmühltaler Lamm von der Schäferei Schlamp, Forellen aus Dietfurt, ebenso die vegetarischen Grünkernschrot-Gemüsepflanzerl gelten als Spezialitäten der Krone, nicht zu vergessen die wunderbaren hausgebackenen Kuchen. Das herrlich würzige Bier kommt aus der Altmühltaler Schlossbrauerei Sandersdorf.

Am üppigen Frühstücksbuffet bleiben keine Wünsche offen. Maria Felbermeir verwöhnt die Gäste hier auch mit ihren köstlichen Konfitüren und Marmeladen, etwa aus Birnen, Zwetschgen und Holunder. Dazu steht Honig aus der Imkerei von Anton Felbermeir auf dem Tisch, und gern können sich die Gäste von all dem ein Glas als kulinarisches Souvenir mitnehmen.

Hotel-Gasthof Zur Krone
Prunner Hauptstraße 13
93339 Prunn bei Riedenburg
☎ 0 94 42 / 15 07
www.hotel-zur-krone-prunn.de

ZUR KRONE
Hotel-Gasthof
Zur Krone
durchgehend warme Küche

Biergenuss aus der Natur

„Hopfen und Malz, Gott erhalt's." Stößt man mit diesem Trinkspruch zu einem guten Bier aus dem Felsenbräu an, tut man dies mit doppelt gutem Gewissen. Man weiß, dass das Bier dieser familiengeführten Privatbrauerei im fränkischen Thalmannsfeld in guter alter Tradition nach dem Deutschen Reinheitsgebot von 1516 gebraut wird. Dazu setzt das Unternehmen ein umfängliches Betriebskonzept um, das auf offensivem Klimaschutz und nachhaltiger Erhaltung natürlicher Ressourcen basiert. Biergenuss und Klimaschutz – Gott erhalt's!
1928 wurde das Felsenbräu von Willy Gloßner gegründet. Der Betrieb ging aus dem vormaligen Thalmannsfelder Brauhaus von Michael Salzner hervor und wird nun in dritter Generation von Juniorchef Walter Gloßner geführt. Mit seinen 25 Mitarbeitern sorgt das mittelständische Unternehmen dafür, dass pro Jahr circa 30 000 Hektoliter Bier und noch einmal so viele alkoholfreie Getränke produziert werden. Täglich verlässt eine Armada von hauseigenen Lieferfahrzeugen das moderne Betriebsgelände oberhalb der alten Brauerei, um die Brauereikunden, wie Restaurants, Hotels, Getränkemärkte und Lebensmittelhändler, in einem Umkreis von etwa 100 Kilometern bis nach Nürnberg mit Nachschub zu versorgen. Auch über die Region hinaus werden die Bierspezialitäten aus Thalmannsfeld immer mehr geschätzt, die ihren typischen Geschmack traditioneller Braukunst und handwerklichem Können verdanken. Dazu gehört auch, dass man den Bieren eine natürlich lange Reifezeit in den Tiefen der Felsenkeller gewährt. Für die Grundstoffe ist das Beste gerade gut genug. Braugerste und Weizen stammen aus kontrolliertem Anbau in der heimischen Umgebung, der einzigartig schönen Landschaft zwischen Altmühltal und Fränkischem Seenland. Reiner Doldenhopfen des Spalter Siegelbezirks gibt den Bieren ihren vollwürzigen Geschmack.
Die Produktpalette des Felsenbräus beeindruckt, und ihre geschmackliche Vielfalt gilt als besondere Stärke des Unternehmens. Produziert werden allein 14 Biersorten, dazu noch 19 verschiedene Limonaden, zuckerfreie Säfte und Tafelwasser. Der Felsentrunk, ein würziges Helles, wird wohl neben weiteren untergärigen Bieren, wie Edelpils, Privat Export, Bayerisch Märzen oder Kellerzwickel naturtrüb, am meisten getrunken. 1973 hatte der heutige Seniorchef Werner Gloßner mit der Produktion von Weizenbieren begonnen und damit den Siegeszug dieser Felsenbräu-Spezialitäten gestartet. Die Bierhefe dafür wird aus eigener Reinzucht ge-

wonnen. Mit dem Gipfelstürmer kann man jederzeit seinen großen Durst löschen, denn das süffige Weizenbier ist alkoholfrei. Für einen jungen, zeitgemäßen Biergenuss hat das Felsenbräu auch leichte Biere und trendige Bier-Mixgetränke, etwa Sonnenstoff-Radler oder Kiss, ein Cola- und Weizen-Mixgetränk, im Angebot. Ende Oktober jeden Jahres wird zur Kirchweih das Starkbier angestochen. Im Bräustüberl in Thalmannsfeld treffen sich dann honorige Bierkenner zur Bierprobe und fällen ihr geschätztes Urteil. Felsator und Weizenbock gibt es von Oktober bis Mai. Zwischen November und Weihnachten darf man sich am Weihnachts-Festbier erfreuen, und zu Christi Himmelfahrt wird das Weizenbier-Fest gefeiert.

Brauen ist ein ausgesprochen energieintensives Gewerbe. Über alternative Energieformen und effiziente Verfahren sowie über die Schonung der Ressourcen nachzudenken, steht bei vielen Brauern auf der Tagesordnung. Das Felsenbräu hat hier Pionierarbeit geleistet und kontinuierlich alternative Energiequellen im Unternehmen eingesetzt. Die 2003 in Betrieb genommene Hackschnitzelheizung ersetzte die Ölbefeuerung der Braukessel und versorgt dazu noch sieben Wohnhäuser mit Wärme. Der nicht in den Biogas- und Photovoltaik-Anlagen erzeugte Strom wird von einem Ökostromanbieter bezogen. Ein Markenzeichen für das Felsenbräu ist auch die Glas-Pfandflasche mit dem praktischen und recyclebaren Schraubverschluss

– einer von vielen Bausteinen des umweltbewussten Gesamtkonzepts. 2007 wurde das Felsenbräu von der TU München-Weihenstephan erstmals in Deutschland als Solarbierbrauerei zertifiziert, ein besonderes Prädikat, das darauf hinweist, dass die Brauerei ausschließlich mit regenerativen Energien arbeitet. Darauf einen Sonnenstoff! Dieses mit besten regionalen Rohstoffen aus integriert kontrolliertem Anbau und mit 100 Prozent regenerativen Energien gebraute, vorzüglich schmeckende Bier ist das Symbol für die ökologisch nachhaltige Braukunst des Felsenbräus. Seit 2009 arbeitet die Brauerei zu 100 Prozent CO_2-neutral und reduziert so jährlich den CO_2-Ausstoß um sage und schreibe 520 000 Kilogramm.

Rund um die Brauerei sieht man nicht nur Sonnenpaneele der Photovoltaik-Anlagen oder die Behälter der Biogasanlage, sondern auch eine große Stahlstellage. Es ist das alte Eisgerüst des Felsenbräu und eines der letzten „noch diensthabenden" Vorrichtungen dieser Art in Deutschland. Schon seit über 80 Jahren produziert man damit Kühl-Eis – ganz ohne Strom oder zusätzliche Energie. Im Winter wird das Gerüst mit Wasser besprengt, das zu einer dicken Eisschicht gefriert. Das Eis wird „geerntet" und in den riesigen unterirdischen Kellern, die schon im 18. Jahrhundert in den Felsen gegraben worden sind, als natürliche Kühlung für das Bier genutzt, die bis zum nächsten Winter anhält. Kluge Methoden haben eben Zukunft.

Felsenbräu
Felsenweg 2
91790 Thalmannsfeld
☎ 0 91 47 / 9 42 66
www.felsenbraeu.com

Landgasthof
Siebenkäs

Perfektion aus Leidenschaft

Landgasthof Siebenkäs

Rehrücken aus den fürstlichen Wäldern auf Alblinsen-Gemüse mit Petersilienwurzelpüree

Das Rezept zur Spezialität des Hauses finden Sie auf Seite 163

Siebenkäs, so hieß einst der Oberlehrer, dessen Haus direkt am Markt in der malerischen Marktgemeinde Pleinfeld stand. An dieser Stelle errichteten vor nunmehr 25 Jahren Ulrich und Edith Riedel ihr neues Haus, das sich so harmonisch in das Ortsbild einfügt, dass man ihm seine Jugend äußerlich nicht ansehen mag. Darin eröffneten sie ihren Gasthof und nannten ihn wie den Lehrer, Siebenkäs. Nicht nur wegen dieses seltsamen Namens sucht der Landgasthof weit und breit seinesgleichen.

Betritt man die Gasträume, wird man von einer angenehm dezenten und frischen Atmosphäre umfangen. Die Räume sind lichtdurchflutet, nichts Überflüssiges oder Lautes stört das Ambiente, das unaufdringlich ländliches Flair in dezenter Eleganz vermittelt. Einladend stehen die stets sorgfältig mit blütenweißem Tuch eingedeckten Tische für die Gäste bereit.

Hier ist der Gast König. Allein schon die besondere Achtsamkeit im Service und die Sorgfalt in jedem Detail verleihen der Gastronomie eine persönliche Note. Edith Riedel – die Chefin – und Tanja bedienen die Gäste mit herzlicher Zuvorkommenheit. Kein Wunder, dass etliche Stammgäste schon seit vielen Jahren dem Landgasthof die Treue halten. Reisende aus dem Norden, selbst aus Holland, legen ihre Route gen Süden in lieb gewordener Tradition extra via Pleinfeld, um die besondere Gastlichkeit im Siebenkäs zu genießen.

Die Küche ist ein kulinarisches Highlight. Ulrich Riedel gilt unter den Köchen der Region als Solitär. An seine Kreativität und an die Perfektion seiner Kochkunst, gepaart mit eiserner Disziplin, reicht lange keiner heran. Nach der Ausbildung zum Koch im schwäbischen Ludwigsburg stand er in jungen Jahren eine Zeit lang zusammen mit Harald Wohlfahrt im Gourmettempel Traube Tonbach in Baiersbronn am Herd. Hotelfachschule, Betriebswirt und Chef der Kantine eines schwäbischen Großbetriebs in Franken, das waren Stationen seiner Laufbahn, bis er seinen Traum vom eigenen Restaurant verwirklichte. Die Kunst des Kochens ist für ihn Leidenschaft, und diese beherrscht das Leben der

Wirtsleute ganz und gar. Außer montags und Sonntagabend ist täglich geöffnet. Selbst während der wenigen Urlaubstage in Südfrankreich oder in Italien tangieren die interessanten Länderküchen ständig seine Profession, der er sich kaum entziehen kann – und will.

Von Anfang an standen in Ulrich Riedels Küche Frische, Reinheit und Natürlichkeit ganz oben. Hier wird absolut ohne Chemie und Aromen gekocht, Fertigprodukte sind tabu. Geschmack entsteht allein aus dem natürlichen Produkt, aus den qualitativ hochwertigen Lebensmitteln und Zutaten. Dafür ist Ulrich Riedel täglich auf Einkaufstour. Schon um vier Uhr morgens fährt er in die Großmarkthalle nach Nürnberg, um unter den frischesten und besten Waren akribisch auszuwählen. Nur von Direktvermarktern seines Vertrauens bezieht er Lebensmittel, wie fränkischen Spargel oder Wild aus den fürstlichen Wäldern um Pleinfeld sowie Hecht, Zander, Saibling aus der heimischen Teichwirtschaft. Das Beste ist gerade gut genug, um in seine Küche zu gelangen und hier verarbeitet zu werden, gleich ob zu einem bodenständigen Landgericht oder zu einem 4-Gänge-Menü. Treu und zuverlässig stehen dem Küchenchef Jennifer – die Köchin – und Frau Miehling zur Seite, dazu auch die beiden Lehrlinge Anna und Marcus, die hier ihr Handwerk gründlich lernen. Mit größter Finesse bereitet Ulrich Riedel Gerichte zu, die gern ihre Nähe zu Schwaben, seiner Heimat verraten. Die Feinheit dieser Küchentradition weiß er sensibel in seine kulinarischen Kreationen zu integrieren. Sanfte und schonende Zubereitungsmethoden garantieren den naturnahen Genuss der Speisen, die er zu wahren Kunstwerken anrichtet. Der hauseigene Cateringservice

gewährt der exquisiten Küche des Siebenkäs auch außer Haus, bei Veranstaltungen und Festen, einen fulminanten kulinarischen Auftritt.

Das Getränkeangebot erkennt man sofort als ausgesprochen auserlesen. Man findet in der Weinkarte exzellente deutsche Weißweine neben den besten Sorten aus berühmten europäischen Weinbaugebieten. Bierliebhaber können unter Weißbierspezialitäten der Brauerei Gutmann, Ökobieren vom Lammsbräu oder Edelbieren aus dem Fürstlichen Brauhaus Ellingen wählen. Exquisite Obstbrände runden das Angebot und vor allem manches Mahl ab.

Die Speise- und Getränkekarte des Landgasthofs verzeichnet immer mehr ausgewiesene Bio-Produkte. Das Restaurant, schon seit vielen Jahren Mitglied im exklusiven Klub der europäischen Spitzenköche Eurotoques, stellt sich seit März 2010 auch als zertifizierter Bio-Betrieb den strengen Maßstäben und Kontrollen von ABCERT.

Neben dem Service im Restaurant managt Edith Riedel auch das Hotel mit persönlichem Engagement und wacher Umsicht. Im Haus stehen fünf Fremdenzimmer bereit, von denen eines schöner als das andere ist. Die individuelle Einrichtung ist ebenso gemütlich wie komfortabel und bietet alles für einen erholsamen Aufenthalt. Das delikate Landhausfrühstück am Morgen lässt keine Wünsche offen und gibt den kulinarischen Start in einen erlebnisreichen Tag, an dem sich Ausflüge in die wunderschöne Umgebung, vielleicht zum Großen Brombachsee im Fränkischen Seenland oder in den Naturpark Altmühltal anbieten.

Landgasthof Siebenkäs
Kirchenstraße 1
91785 Pleinfeld
☎ 0 91 44 / 82 82
www.landgasthof-siebenkaes.de

Marktplatz, Eichstätt

HypoVereinsbank
ZINNGIESSEREI EISE
ZINN
GLAS
PORZELLAN
GESCHENKARTIKEL

Zweierlei Köstlichkeiten vom Altmühltaler Lamm

Hotel-Gasthof zur Sonne, S. 127

Zutaten für 4 Personen

Lammrücken im Buschbohnenmantel *500 g Lammrückenfilet, ohne Fett und Sehnen* | *1 Kastenweißbrot* | *200 g Buschbohnen* | *100 g Fleischbrät vom Metzger* | *Salz und Pfeffer* | *Butterschmalz zum Anbraten*
Lammleberknödel *500 g Lammleber* | *250 g Paniermehl* | *5 Eigelb* | *1 Ei* | *½ Knoblauchzehe, fein gehackt* | *1 EL Thymian, frisch gehackt* | *1 EL Rosmarinnadeln, frisch gehackt* | *1 Msp. Cayennepfeffer* | *1 Msp. englisches Senfpulver* | *1 Msp. Koriander* | *2 l kräftige Fleischbrühe* | *3 Lorbeerblätter* | *Salz, Pfeffer*

Zubereitung

Den Lammrücken salzen, pfeffern und ringsherum in Butterschmalz scharf anbraten, im Kühlschrank abkühlen lassen. Buschbohnen putzen und in kochendem, leicht gesalzenem Wasser kochen, bis sie biegsam sind, dann aus dem Wasser nehmen und abtropfen lassen. Vom Weißbrot hochkant (!) zwei sehr dünne (maximal ½ cm) Scheiben abschneiden, Rinde entfernen. Tipp: Das Brot im Kühlfach leicht anfrieren lassen, damit es sich besser schneiden lässt. Die Scheiben dünn mit Fleischbrät bestreichen und die Bohnen nebeneinander darauflegen, leicht andrücken und nochmals mit Brät bestreichen. Das Lammfilet mit dem so beschichteten Brot straff umwickeln. Die Rolle kurz rundherum in Butterschmalz goldgelb anbraten und dann im vorgeheizten Ofen bei 180 Grad circa 7 Minuten fertig garen.
Für die Knödel die Leber in Stücke schneiden und mit dem Stabmixer pürieren beziehungsweise durch den Fleischwolf drehen. Eigelbe und Ei verquirlen und unter das Leberpüree rühren, ebenso das Paniermehl, den Knoblauch und die Kräuter bis auf die Lorbeerblätter. Alles zu einem homogenen Teig vermischen und diesen mit Salz, Pfeffer und nach Geschmack mit etwas Cayennepfeffer, Koriander und Senfpulver abschmecken. Aus der Masse kleine Knödel formen. In siedender Brühe mit Lorbeerblättern 10 bis 15 Minuten ziehen lassen.
Die Rolle vom Lammrückenfilet in Stücke schneiden, mit den Leberknödeln zusammen anrichten.

Dazu passt Schwarzbrotauflauf, Polenta, Meerrettichnudeln, gratinierte Kartoffeln oder gegartes Gemüse wie zum Beispiel Petersilienwurzeln.

Lauwarmes Carpaccio von Zucchini und Ziegenkäse mit gebratener Jakobsmuschel und Dijonsenf-Honig Coulis

Restaurant Hotel Schönblick, S. 131

Zutaten für 4 Personen

1 grüne Zucchini | *2 EL Olivenöl* | *2 Knoblauchzehen* | *1 Rosmarinzweig* | *1 Thymianzweig* | *8 Picandou* | *4 Jakobsmuscheln* | *1 EL Erdnussöl* | *½ EL Dijonsenf* | *2 EL Honig* | *Salz, bunter Pfeffer aus der Mühle* | *Sprossen (Rote Bete) zum Dekorieren*

Zubereitung

Zucchini in dünne Scheiben schneiden und auf dem Grill anbraten. Dann in einer mit Salz und Pfeffer abgeschmeckten Marinade aus Olivenöl, frisch gehacktem Thymian und Rosmarin und einer klein gewürfelten Knoblauchzehe einige Zeit einlegen. Die Jakobsmuscheln abtrocknen, mit Salz und Pfeffer würzen und mit Knoblauch in Olivenöl scharf von beiden Seiten anbraten. Für das Coulis Erdnussöl, Dijonsenf und Honig in der Schüssel glatt verrühren. Picandou und Zucchinischeiben schichtweise anrichten, mit Coulis umgießen. Mit Sprossen garnieren.

Rinderfilet und Garnele auf Rotweinreduktion mit Kartoffel-Kräuternockerln

Restaurant Hotel Schönblick, S. 131

Zutaten für 4 Personen

Kartoffel-Kräuternockerln *400 g Kartoffeln, gekocht | 2 Eigelb | 20 g Schnittlauch | 20 g Petersilie | Muskat | Salz, Pfeffer*

Rinderfilet und Garnele auf Rotweinreduktion

4 Rinderfilets à 200 g, pariert | 700 ml Rotwein (Merlot) | 2 EL Zucker | 1 Rosmarinzweig | 1 Thymianzweig | 2 Knoblauchzehen | 4 Riesengarnelen | Salz, Pfeffer

Zubereitung

Die gekochten Kartoffeln pellen, durchpressen, mit Salz, Pfeffer und geriebener Muskatnuss würzen, gehackte Petersilie, Schnittlauch und Eigelb zugeben und alles gut vermischen. Kleine Knödel oder Nockerln formen und diese 15 Minuten im Dampf garen.

Den Rotwein mit Zucker langsam im Topf bis zu einer cremigen Konsistenz reduzieren. Das Rinderfilet mit Salz und Pfeffer würzen und auf dem Grill braten, Knoblauch und Zweige von Thymian und Rosmarin zugeben. Kurz bevor das Rinderfilet fertig (innen rosa) ist, die mit Pfeffer und Salz leicht gewürzten Riesengarnelen mit in die Pfanne geben und braten.

Dazu kann glaciertes Buttergemüse (Karotten, gelbe Zucchini, Kaiserschoten, etc.) angerichtet werden.

Altmühltaler Duett vom Bachsaibling und von der Bachforelle mit Safrankartoffeln, Zuckerschoten und Kirschtomaten

Hotel Zum Bräu, S. 137

Zutaten für 4 Personen

Safrankartoffeln *600 g Kartoffeln | 50 ml Bouillon | 1 g Safran, gemahlen*

Gemüse *600 g Zuckerschoten | 8–10 Kirschtomaten | ca. 20 g Butterschmalz | Puderzucker | 20 ml Bouillon | frischer Rosmarin | etwas frischer Knoblauch | 3 EL Olivenöl | Salz*

Fisch *4 Filets vom Bachsaibling (je ca. 80 g) | 4 Filets von der Bachforelle (je ca. 80 g) | 4 EL Olivenöl | Saft von 1 Zitrone | Salz, Pfeffer*

Zubereitung

Die Kartoffeln schälen, halbieren und in Salzwasser kochen. In einem Topf Bouillon erhitzen und darin den Safran auflösen, die gekochten Kartoffeln dazugeben und die Bouillon etwas reduzieren lassen.

Puderzucker und Butterschmalz in einer Kasserolle erhitzen, Zuckerschoten und etwas Bouillon dazugeben, durchschwenken und gar dünsten lassen. Mit Salz bei Bedarf abschmecken.

Kirschtomaten halbieren. Puderzucker und Butterschmalz in einer Kasserolle erhitzen, dann die Tomatenhälften, Rosmarin, etwas Knoblauch und Olivenöl zugeben, durchschwenken und kurz garen lassen.

Die Fischfilets mit etwas Zitronensaft, Salz und Pfeffer würzen.

In einer Pfanne Olivenöl bei mittlerer Temperatur erhitzen und die Filets darin auf der Hautseite kross anbraten, wenden und mit der Pfanne vom Herd nehmen. Die Filets etwa ein bis zwei Minuten durchziehen lassen und anschließend mit den Safrankartoffeln und dem Gemüse anrichten.

Rollbraten vom Altmühltaler Lamm mit Frischkäse und Backpflaumen gefüllt

Historischer Gasthof Stirzer, S. 138

Zutaten für 4 Personen

1 Lammschulter, ausgelöst | 1 Rosmarinzweig | ca. 8 Scheiben geräucherter Speck | 150 g Frischkäse mit Schnittlauch, frischem Thymian und Petersilie | 10 Backpflaumen | 1 TL Tomatenmark | Rotwein zum Ablöschen | ca. 200 g Lammknochen | 1 Karotte | ½ Lauchstange | 1 kleine Zwiebel | Salz Pfeffer

Zubereitung

Das Lammfleisch ausgebreitet etwas klopfen und mit ein paar Nadeln Rosmarin bestreuen, leicht salzen und pfeffern. Das Fleisch mit dem Speck belegen und das Ganze mit dem gekräuterten Frischkäse bestreichen. Die Backpflaumen in einer Reihe darauflegen, dann das Lammfleisch rollen und in Alufolie wickeln.

Tomatenmark in einen Bräter geben, leicht anbraten, mit Rotwein ablöschen und vom Herd nehmen. Nun die Lammknochen und das geputzte und in Stücke geschnittene Gemüse hineingeben, darauf die Roulade setzen und mit Wasser angießen. Das Ganze im vorgeheizten Backofen bei 150 Grad eine Stunde und 45 Minuten braten.

Das Fleisch herausnehmen, die Sauce durch ein Sieb geben, bei Bedarf leicht binden. Den Lammrollbraten aus der Folie nehmen, aufschneiden und mit der Sauce anrichten.

Als Beilage eignen sich Rosmarinkartoffeln und frisches Gemüse.

Plankstetter Heubraten

Benediktinerabtei Plankstetten, S. 141

Zutaten für 4 Personen

1 kg Bio-Rindfleisch, am besten Schulter oder Rolle | 500 g Bio-Heu | 2 Karotten | 1 Lauchstange | 1 Stück Sellerieknolle | 2 Zwiebeln | 50 g Pflanzenfett | 1 EL Preiselbeeren | 20 g Butter | 250 ml Sahne | Meersalz, Pfeffer

Zubereitung

Das Bio-Heu klein schneiden und in 3 Liter Wasser mit Gemüsewürfeln von Karotten, Lauch und Sellerie aufkochen und erkalten lassen. Rindfleisch zugeben, kalt stellen und fünf Tage lang ziehen lassen.

Fett im Topf erhitzen, die Zwiebeln anbraten und herausnehmen. Das Fleisch aus dem Sud nehmen, abtropfen lassen, würzen und von allen Seiten scharf im Topf anbraten. Im Fond mit dem Heu das Fleisch weich kochen. Fleisch herausnehmen, Sauce in einen Topf abseihen, Preiselbeeren zugeben, mit Butterflocken aufmontieren und mit Sahne verfeinern.

Dazu können Semmelknödel und Apfelblaukraut gereicht werden. Es passen auch Herzoginkartoffeln und frischer Salat sehr gut dazu.

Altmühltaler Forelle

Hotel-Gasthof Zur Krone, S. 148

Zutaten für 1 Person

1 Forelle | *1 Karotte, geraspelt* | *1–2 EL Zitronensaft* | *1 EL glatte Petersilie, gehackt* | *1 frischer Thymianzweig* | *Öl* | *Butter* | *Salz, Pfeffer*

Zubereitung

Geraspelte Karotte, Petersilie und Zitronensaft vermischen, mit Salz und Pfeffer abschmecken.

Die Forelle innen leicht mit einem Küchenkrepp abtupfen, dann mit der Mischung und dem Thymianzweig füllen. Einen genügend großen Bogen starker Alufolie leicht mit Öl bestreichen, dann die Forelle darin vollständig einschlagen. Die Ränder der Folie gut verschließen (mehrmals knicken).

Im vorgeheizten Backofen die Forelle bei circa 210 Grad etwa 15 Minuten garen. Sie ist gut, wenn das Folienpaket prall aufgeblasen ist. Den Fisch circa 5 Minuten ruhen lassen und dann aus der Folie herausnehmen. Die gedünstete Forelle mit zerlassener Butter übergießen.

Das Ganze mit Salzkartoffeln und wahlweise frischen Salaten anrichten. Dazu kann auch Meerrettichsahne gereicht werden.

Rehrücken aus den fürstlichen Wäldern auf Alblinsen-Gemüse mit Petersilienwurzelpüree

Landgasthof Siebenkäs, S. 155

Zutaten für 4 Personen

Rehrücken *600 g ausgelösten Rehrücken ohne Sehne* | *300 ml Rehjus* | *250 ml Rotwein* | *100 ml Holundersaft* | *20 g bittere Kuvertüre* | *etwas Vanillemark (von ca. ¼ Schote)* | *etwas Zimtrinde* | *2 Gewürznelken* | *Salz, schwarzer Pfeffer* | *Butterschmalz zum Anbraten*

Petersilienwurzelpüree *600 g Petersilienwurzeln* | *400 ml Milch* | *50 g Petersilienblätter* | *50 ml Öl* | *Muskat* | *Salz, Pfeffer*

Linsengemüse *250 g Linsen* | *80 g Zwiebelwürfel* | *250 g Würfelgemüse aus Karotten, Sellerie, Kartoffeln, Lauch* | *2 EL Essig* | *1 TL Tomatenmark* | *500g Gemüsebrühe* | *Fenchelsaat* | *Kreuzkümmel* | *Salz, Pfeffer*

Zubereitung

Linsen über Nacht in kaltem Wasser einweichen und dann gut abwaschen. Zwiebel in Öl kurz glasig angehen lassen und die Linsen dazugeben. Mit etwas Gemüsebrühe immer wieder nachgießen. Nach ⅔ der Garzeit die Gemüsewürfel dazugeben und fertig garen. Abschmecken mit Salz, Pfeffer, Tomatenmark, Fenchelsaat, Kreuzkümmel und Essig.

Für das Püree die gewaschenen und klein geschnittenen Petersilienwurzeln in Milch weich kochen. Die Milch abgießen, dabei etwas Fond aufheben. Mit dem Mixstab fein pürieren, mit Salz, Pfeffer und Muskat abschmecken. Wenn das Püree zu fest wird, kann man ein wenig Milch nachgießen. Um dem Püree eine schöne grüne Farbe zu geben, Petersilienblätter kurz blanchieren, abschrecken und abtupfen. Öl zugeben und mit dem Mixstab fein pürieren, dann mit dem Petersilienwurzelpüree vermischen.

Den Rehrücken mit Salz und Pfeffer würzen und in Butterschmalz ringsum anbraten. Auf einem Blech im Ofen bei 90 Grad auf Niedertemperatur 30 Minuten garen. Rehjus, Rotwein und Holundersaft in einem Topf langsam einreduzieren lassen. Abschmecken mit der Kuvertüre, Vanillemark, schwarzem Pfeffer, Zimt und Gewürznelken (Gewürze erst im Mörser zerkleinern). Nochmals kochen lassen und passieren.

Adressverzeichnis

A

Altes Schulhaus in der Dachauer Kulturschranne 52
Michael Maurer, Lars Stadlbauer, Matthias Rohleder
Pfarrstraße 13
85221 Dachau
☎ 0 81 31 / 2 78 73 60
℻ 0 81 31 / 2 79 73 61
info@altes-schulhaus-dachau.de
www.altes-schulhaus-dachau.de

Altstadthotel Schrobenhausen Bauern-Bräu GmbH & Co. KG 94
Gabriele und Fritz Straub
In der Lachen 2
86529 Schrobenhausen
☎ 0 82 52 / 8 81 20-0
℻ 0 82 52 / 8 81 20-59
info@altstadthotel-schrobenhausen.com
www.altstadthotel-schrobenhausen.com

Antonius-Schwaige 110
Armin Stangl
Antonius-Schwaige 47
85049 Ingolstadt
☎ 08 41 / 3 26 80
℻ 08 41 / 91 09 38
info@antoniusschwaige.de
www.antoniusschwaige.de

Restaurant AVUS Audi Forum Ingolstadt 108
Ettinger Straße
85057 Ingolstadt
☎ 08 41 / 8 94 10 71
℻ 08 41 / 8 94 10 72
restaurants.afi@audi.de
www.audi.de/foren

B

Gasthof Bayerischer Hof 128
Christian Hartl
Reichenaustraße 1
91795 Dollnstein
☎ 0 84 22 / 2 89
℻ 0 84 22 / 9 87 96 79
kontakt@bayerischerhof-dollnstein.de
www.bayerischerhof-dollnstein.de

Biolandhof Beim Müller 54
Christine und Holger Weller
Mühlstraße 8
85232 Bergkirchen
☎ 0 81 31 / 35 11 13
℻ 0 81 31 / 35 11 13
holger.weller@hswt.de
www.hoftheater-bergkirchen.de

Benediktinerabtei Plankstetten 140
Klosterplatz 1
92334 Berching
☎ 0 84 62 / 2 06-0
info@kloster-plankstetten.de
www.kloster-plankstetten.de

Bentenrieder Hof 56
Irmgard und Matthias Wackerl GbR
Dorfstraße 69
85241 Prittlbach
☎ 0 81 31 / 73 57 75
℻ 0 81 31 / 8 65 14
matthias.wackerl@arcor.de
www.bentenrieder-hof.de

Bräu im Moos 24
Familie Münch
Bräu im Moos 1
84577 Tüßling
☎ 0 86 33 / 10 41
℻ 0 86 33 / 79 41
braeuimmoos@t-online.de
www.braeuimmoos.de

D

Dolce Munich Unterschleißheim 62
Andreas-Danzer-Weg 1
85716 Unterschleißheim
☎ 0 89 / 3 70 53 00
℻ 0 89 / 3 70 53 09 11
info_munich@dolce.com
www.dolcemunich.com

Hotel Domizil 106
Familie Hummel
Feldkirchner Straße 69
85055 Ingolstadt
☎ 08 41 / 95 45 30
℻ 08 41 / 5 92 11
info@hoteldomizil.de
www.hoteldomizil.de

E

Ederhof 34
Dipl. Ing. Niko Raupach
Neuberg 7
83527 Haag/Obb.
☎ 0 80 72 / 9 89 92
℻ 0 80 72 / 13 82
ederhof@vr-web.de
www.ederhof.com

F

Farfallina's Patisserie und Spezialkonditorei 80
Yvonne Höhne
Landstraße 4
85235 Wagenhofen
☎ 0 81 34 / 60 11
℻ 0 81 34 / 60 83
yh@farfallinas.de
www.farfallinas.de

Felsenbräu 150
Walter Gloßner
Felsenweg 2
91790 Thalmannsfeld
☎ 0 91 47 / 9 42 66
℻ 0 91 47 / 94 26 79
glossner@felsenbraeu.com
www.felsenbraeu.com

Fürstenfelder Gastronomie und Hotel GmbH 70
Uschi und Gerhard Kohlfürst
Fürstenfeld 15
82256 Fürstenfeldbruck
☎ 0 81 41 / 8 88 75-0
℻ 0 81 41 / 8 88 75-4 80
info@fuerstenfelder.com
www.fuerstenfelder.com

G

Glonntaler Backkultur 20
Romeo Butic und Antonia Weiß
Raphaelweg 14
85625 Baiern
☎ 0 80 93 / 90 25 61
℻ 0 80 93 / 90 23 99
info@glonntaler-backkultur.de
www.glonntaler-backkultur.de

H

Hardthaus 32
Restaurant & Weinkeller
Marc Vermetten
Marktplatz 31
84559 Kraiburg am Inn
☏ 0 86 38 / 7 30 67
Fax 0 86 38 / 7 30 68
mail@hardthaus.de
www.hardthaus.de

Gasthof Hartl 74
„Zum Unterwirt"
Josef Hartl & Sohn GbR
Duringstraße 5
82299 Türkenfeld
☏ 0 81 93 / 99 95 17
Fax 0 81 93 / 99 95 18
kontakt@gasthof-hartl de
www.gasthof-hartl.de

Gasthof Huberwirt 30
Josef und Johanna Huber
Hofmark 3
84568 Pleiskirchen
☏ 0 86 35 / 2 01
Fax 0 86 35 / 8 63
landgasthof@huber-wirt.de
www.huber-wirt.de

K

Kastaniengarten 112
Elmar Diepold
Gutsstraße 4
85055 Ingolstadt-Oberhaunstadt
☏ 08 41 / 5 55 41
Fax 08 41 / 3 70 87 87
mail@kastaniengarten.de
www.kastaniengarten.de

Martin Kiendl – Brennerei 22
Eichenhausener Straße 43
82054 Großeichenhausen bei Sauerlach
☏ 0 81 04 / 88 82 70
Fax 0 81 04 / 88 80 09
info@schnapsweber.de
www.schnapsweber.de

L

Geflügelhof Lugeder 28
Andreas und Silvia Lugeder
Neuerding 1
84568 Pleiskirchen
☏ 0 87 28 / 7 85
Fax 0 87 28 / 10 13
info@gefluegelhof-lugeder.de
www.gefluegelhof-lugeder.de

M

Hotel Moosburger Hof 98
Sven und Anke Tweer
Moosburger Straße 3
85276 Pfaffenhofen a. d. Ilm
☏ 0 84 41 / 27 70 08-0
Fax 0 84 41 / 27 70 08-88
kontakt@moosburgerhof.de
www.hotel-moosburgerhof.de

Müllerbräu GmbH & Co. KG 100
Fritz Müller
Hauptplatz 36
85276 Pfaffenhofen a. d. Ilm
☏ 0 84 41 / 78 55-0
Fax 0 84 41 / 78 55-11
mueller@muellerbraeu.com
www.muellerbraeu.com

Hotel Müllerbräu 102
Bernd Weinhart
Hauptplatz 2
85276 Pfaffenhofen a. d. Ilm
☏ 0 84 41 / 49 37-0
Fax 0 84 41 / 49 37-40
info@hotel-muellerbraeu.de
www.hotel-muellerbraeu.de

O

Obergrashof 64
Julian Jacobs, Peter Stinshoff
Obergrashof 1
85221 Dachau
☏ 0 81 31 / 2 00 11
Fax 0 81 31 / 2 00 28
gaertnerei.obergrashof@t-online.de

P

Polz Bäckerei und Konditorei 60
Thomas und Sabine Polz
Dachauer Straße 9
85778 Ampermoching
☏ 0 81 39 / 61 10
Fax 0 81 39 / 21 20
info@baeckerei-polz.de
www.baeckerei-polz.de

S

Schlossgut Odelzhausen 76
Gabi und Hans Eser
Am Schlossberg 1
85235 Odelzhausen
☏ 0 81 34 / 99 87-0
Fax 0 81 34 / 99 87-1 30
post@schlossgut-odelzhausen.de
www.schlossgut-odelzhausen.de

Adressverzeichnis

Restaurant Hotel Schönblick 130
Schönblick GbR
Hohes Kreuz 11
85072 Eichstätt
☎ 0 84 21 / 93 60 80
📠 0 84 21 / 93 60 86
schoenblick-ei@gmx.net
www.schoenblick-eichstaett.de

Landgasthof Siebenkäs 154
Ulrich und Edith Riedel
Kirchenstraße 1
91785 Pleinfeld
☎ 0 91 44 / 82 82
📠 0 91 44 / 83 07
info@landgasthof-siebenkaes.de
www.landgasthof-siebenkaes.de

Landgasthof Stiller in Lindum 36
Franz und Brigitte Haas
Lindum 3
84405 Dorfen
☎ 0 80 81 / 5 37
📠 0 80 81 / 27 51
info@stiller-lindum.de
www.stiller-lindum.de

Historischer Gasthof Stirzer 138
Sepp und Irmgard Hierl
Hauptstraße 45
92345 Dietfurt
☎ 0 84 64 / 86 58
📠 0 84 64 / 91 56
info@stirzer.de
www.stirzer.de

T

Spargelhof Tyroller 96
Ursula und Johann Tyroller
Aumühle
86529 Schrobenhausen/Mühlried
☎ 0 82 52 / 79 17
📠 0 82 52 / 9 10 42 00
info@tyroller-aumuehle.de
www.tyroller-aumuehle.de

Z

Hotel Zum Bräu 136
Familie Rudolf Schöpfel
Rumburgstraße 1a
85125 Enkering
☎ 0 84 67 / 85 00
📠 0 84 67 / 8 50 57
info@hotel-zum-braeu.de
www.hotel-zum-braeu.de

Zum Griabig'n 72
Das lebendige Wirtshaus
im Herzen Germerings
Alexander Maffei
Untere Bahnhofstraße 38a
8210 Germering
☎ 0 89 / 84 05 08 40
📠 0 89 / 84 05 08 42
info@zumgriabign.de
www.zumgriabign.de

Hotel-Gasthof Zur Krone 148
Maria Felbermeir
Prunner Hauptstraße 13
93339 Prunn bei Riedenburg
☎ 0 94 42 / 15 07
📠 0 94 42 / 31 58
gasthof-krone-prunn@t-online.de
www.hotel-zur-krone-prunn.de

Hotel-Gasthof zur Sonne 126
Sven-Wolfgang Glück, Stefanie Bauer
Deisingerstraße 20
91788 Pappenheim
☎ 0 91 43 / 83 78 37
📠 0 91 43 / 83 78 35
info@sonne-pappenheim.de
www.zur-sonne-pappenheim.de

EIERLADEN
Selbstbedienung

Rezeptverzeichnis

B

Bachsaibling mit Radieserl und Gurken 44

Bachsaibling und Bachforelle, Altmühltaler Duett von, mit Safrankartoffeln, Zuckerschoten und Kirschtomaten 161

Bavariator-Mascarponetörtchen auf Rumkirschen 115

Bierrahmsupp'n 118

Brotzeitteller, Odelzhauser Hirschschinken mit Frischkäse und Bierbratensulz 86

C

Carpaccio, lauwarm, von Zucchini und Ziegenkäse mit gebratener Jakobsmuschel und Dijonsenf-Honig-Coulis 160

D

Dinkelvollkorn-Quiche 83

E

Ente, gebraten 43

F

Forelle, Altmühltaler 163

Freilandgockerl mit Knödelfüllung 82

Freilandhähnchen, Fahrenzhausener, im Tandoori-Kokosmantel mit Sesamschaum, Mangold und Linsen 84

H

Hähnchenbrust mit Tagliatelle und Paprikasauce 83

Heilbutt, weiß, gegrillt, mit Knusperblatt, Olivenöl und Wildkräutersalat 44

Heubraten, Plankstetter 162

Hirschrücken mit Holunder, Apfelblaukraut und Semmelknödel 85

J

Johannisbeer-Baiser-Tarte 87

K

Kalbsfiletmedaillon mit Ingwerjus, Wokgemüse und Sushi-Reis 115

Kalbsröllchen mit Pfifferlingen und Kartoffelstampf 45

Krustenbraten vom Duroc Schwein 45

L

Lachsforelle auf Kartoffel-Hüttnkäs-Maultascherl 86

Lamm, Altmühltaler, Rollbraten vom, mit Frischkäse und Backpflaumen gefüllt 162

Lamm, Altmühltaler, Zweierlei Köstlichkeiten vom 160

O

Ochsenbackerln mit Birnen-Bohnen-Gemüse 82

P

Perlhuhn, Hummel's, mit Steinpilzfüllung und Artischocken-Kartoffelgemüse 116

R

Rehrücken, Altmühltaler, mit glacierten Feigen und Selleriepüree 117

Rehrücken aus den fürstlichen Wäldern auf Alblinsen-Gemüse mit Petersilienwurzelpüree 161

Rehrücken auf Pfifferlingen im Hopfenbett gegart 117

Rinderfilet und Garnele auf Rotweinreduktion mit Kartoffel-Kräuter-nockerln 161

Rote Bete Carpaccio 84

S

Schäuferl, Griabig's 85

Schoko-Espresso-Schnitte 42

Schweinefilet im Weißbierteig, gefüllt 43

Schweinefilet mit Spargel und Sauce hollandaise 114

Schweinsfilet im Gerstenmalzmantel gebraten, auf grüner Bockbier-Pfeffersauce mit Kartoffelroulade 116

Spargel-Schinken-Röllchen, überbacken 114

W

Walnuss-Schoko-Becher 42

Besondere Adressen für Sie entdeckt ...

ISBN 978-3-86528-504-1
24,1 cm x 30,6 cm

ISBN 978-3-86528-497-6
24,1 cm x 30,6 cm
in französischer Sprache

ISBN 978-3-86528-509-6
24,1 cm x 30,6 cm

ISBN 978-3-86528-512-6
24,1 cm x 30,6 cm

ISBN 978-3-86528-495-2
24,1 cm x 27,6 cm

ISBN 978-3-86528-477-8
24,1 cm x 27,6 cm

ISBN 978-3-86528-481-5
24,1 cm x 27,6 cm

ISBN 978-3-86528-492-1
24,1 cm x 27,6 cm

ISBN 978-3-86528-486-0
24,1 cm x 30,6 cm

ISBN 978-3-86528-443-3
24,1 cm x 30,6 cm

ISBN 978-3-86528-502-7
24,1 cm x 30,6 cm

ISBN 978-3-86528-468-6
24,1 cm x 30,6 cm

Neu in unserem Programm

EINE KULINARISCHE ENTDECKUNGSREISE ...
(Buchformat: 24,1 x 30,6 cm)

... durch Südtirol
Alla scoperta dell'arte culinaria altoatesina
Cornelia Haller, Brigitte Frank
464 Seiten, Hardcover
in deutscher und italienischer Sprache
ISBN: 978-3-86528-506-5

... durch den Chiemgau
Petra Wagner, Christian Hacker
232 Seiten, Hardcover
ISBN: 978-3-86528-521-8

... durch Sachsen-Anhalt und den Harz
Anja Kummerow, Ingo Schmidt, Inka Schneider, Stefan Gräf, Reiner Kaltenbach
240 Seiten, Hardcover
ISBN: 978-3-86528-517-1

... durch Münsterland und Osnabrücker Land mit Emsland und Grafschaft Bentheim
Magdalena Ringeling, André Chales de Beaulieu
200 Seiten, Hardcover
ISBN: 978-3-86528-523-01

... durch Nürnberg – Städteregion und Land
Barbara Kagerer, Daniel Schvarcz
200 Seiten, Hardcover
ISBN: 978-3-86528-529-01

... durch das nördliche Oberbayern und das Altmühltal
Willfried Baatz, Heiderose Engelhardt, Thomas Rathay
200 Seiten, Hardcover
ISBN: 978-3-86528-527-0

TRENDS UND LIFESTYLE
(Buchformat: 24,1 x 27,6 cm)

OLYMPIAREGION SEEFELD
Albertine Sprandel, Daniel Schvarcz
144 Seiten, Hardcover
ISBN: 978-3-86528-513-3

FREIBURG UND BREISGAU
Sigrid Hofmaier, Andreas Gerhardt
200 Seiten, Hardcover
ISBN: 978-3-86528-514-0

DRESDEN UND UMGEBUNG
Cornelia Haller, Frank Grätz
136 Seiten, Hardcover
ISBN: 978-3-86528-508-9

Alle Titel erhalten Sie bei Ihrer örtlichen Buchhandlung.
Für weitere Informationen über unsere Reihen wenden Sie sich direkt an den Verlag:

UMSCHAU

Neuer Umschau Buchverlag
Theodor-Körner-Straße 7
D-67433 Neustadt / Weinstraße
☎ + 49 (0) 63 21 / 8 77-852
+ 49 (0) 63 21 / 8 77-866
@ info@umschau-buchverlag.de
www.umschau-buchverlag.de

Impressum

Recherche
Willfried Baatz, München
Heiderose Engelhardt, München

Texte
Willfried Baatz, München
S. 13, S. 17–19, S. 21, S. 23, S. 24, S. 29, S. 30, S. 33, S. 34, S. 37–39, S. 42–45, S. 91–93, S. 99, S. 100, S. 103, S. 107, S. 108, S. 111, S. 112, S. 115–118.
Heiderose Engelhardt, München
S. 49–51, S. 52, S. 55, S. 56, S. 61, S. 62, S. 65–67, S. 70, S. 73, S. 74, S. 77–79, S. 81, S. 82–87, S. 95, S. 96, S. 114, S. 123–125, S. 127, S. 128, S. 131–133, S. 137, S. 138, S. 141–145, S. 148, S. 151–153, S. 155–157, S. 160–163.

Fotografie u. a. von
Thomas Rathay, Stuttgart
www.thomas-rathay.de
S. 4, S. 6/7, S. 12, S. 13, S. 14/15, S. 16/17, S. 18 links, S. 19 oben rechts, S. 24 links, S. 25, S. 26/27, S. 28, 29 unten, oben links und Mitte, S. 30/31, S. 32/33, S. 34/35, S. 36–39, S. 40/41, S. 43 links, S. 44/45, S. 88/89, S. 90/91, S. 92/93, S. 96 oben und unten, S. 97, S. 98/99, S. 100/101, S. 102/103, S. 104/105, S. 108/109, S. 110/111, S. 112 Mitte und rechts, S. 113, S. 115, S. 116 links, S. 117, S. 119, S. 120/121, S. 122/123, S. 124/125; S. 126/127, S. 128/129, S. 134/135, S. 138/139, S. 140 und S. 141 unten, S. 142 rechts und 143 oben, S. 144 unten und S. 145 unten, S. 146/147, S. 148/149, S. 154–157, S. 158/159, S. 160 links, S. 162 links und S. 163, S. 164/165, S. 167, S. 168/169, S. 170 von oben: 2. Reihe Mitte, 3. Reihe Mitte, 4. Reihe links und rechts, 5. Reihe links und rechts, S. 172/173.

Lektorat
Katrin Stickel, Neustadt an der Weinstraße

Herstellung
Tatjana Beimler, Neustadt an der Weinstraße

Gestaltung, Satz und Reproduktion
Kaisers Ideenreich, Neustadt an der Weinstraße
www.kaisers-ideenreich.de

Karte
Thorsten Trantow, Herbolzheim
www.trantow-atelier.de

Druck und Verarbeitung
NINO Druck GmbH, Neustadt an der Weinstraße
www.ninodruck.de

Printed in Germany
ISBN: 978-3-86528-527-0

Besuchen Sie uns im Internet
www.umschau-buchverlag.de

Titelfotografie
Thomas Rathay, Stuttgart
Landschaftsaufnahme: Kapelle auf dem Schlossberg in Kraiburg am Inn. Die Foodaufnahme zeigt das Gericht *Rehrücken aus den fürstlichen Wäldern auf Alblinsen-Gemüse mit Petersilienwurzelpüree*, zubereitet im Landgasthof Siebenkäs.

Wir bedanken uns für die freundlicherweise zur Verfügung gestellten Fotos bei:
Anneliese Kompatscher (S. 20/21, S. 42 links und S. 171: 1. Reihe von oben rechts); Bräu im Moos, Tüßling (S. 24 rechts und Mitte); Geflügelhof Lugeder, Fotografin: Conny Schweidler (S. 29 rechts und S. 43 rechts); Bentenrieder Hof, I & M Wackerl GbR (S. 56 oben rechts, Mitte, unten und S. 57); Rainer Hassfurter Bildjournalist (S. 94/95 und S. 114 links); Spargelhof Tyroller, Schrobenhausen/Mühlried (S. 96 Mitte); Hotel Zum Bräu, Enkering (S. 137 unten); Bildarchiv Benediktinerabtei Plankstetten (S. 141 oben und Mitte, S. 142 links, S. 143 unten, S. 144 oben, S. 145 oben und S. 162 rechts); Felsenbräu, Thalmannsfeld (S. 153 unten).

Bildnachweis Fotolia (www.fotolia.com):
© Quade (S. 96 links und S. 114 rechts), © rimglow (S. 112 links und S. 118).

Wikimedia:
waterborough (S. 18 rechts); © Werner Hölzl (S. 19 links oben); Mattana (S. 19 links unten); WolfgangRieger (S. 19 unten).